"모든 것이 하나님의 은혜입니다."

이상금 목사

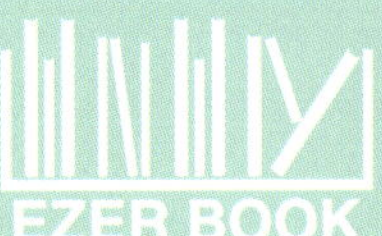

8844 팔팔하게 살아내고 살려내는

발 행 일 | 2025년 12월 12일 초판 1쇄
편 저 자 | 김종영
구   술 | 이상금
펴 낸 이 | 최연선
펴 낸 곳 | 에제르북
편   집 | 최연선
디 자 인 | 최연선
등록번호 | 제2025-000002호
주   소 | 안산시 단원구 까치섬길 130-16
연 락 처 | 032-890-4272
이 메 일 | ezerbook@gmail.com
블 로 그 | blog.naver.com/ezerbook
인 스 타 | instagram.com/ezertalk
유 튜 브 | youtube.com/@ezerbook

ISBN 979-11-995952-1-7 03230

8 팔
8 팔하게
4 살아내고
4 살려내는

산골 마을 할머니 목사님의
팔팔하게 88년 인생 살아내기
사역 44년 영혼 살려내기

저자 김종영 소개

전북기계공업고등학교 졸업 (1975 - 1978)

전북대학교 사범대학 체육교육학과 졸업 (1982 - 1986)

수원대학교 행정대학원 석사 (1998 - 2000)

관산중학교 교사 (7년)

부안중학교 교사 (3년)

선부중학교 교사 (4년)

시곡중학교 교사 (5년)

관산중학교 교사 (5년)

성안고등학교 교사 (8.5년)

관산중학교 유도부 창단 및 안산시 초대 유도 장학이사 (1991 - 1994)

선부중학교 역도부 창단 및 안산시 초대 역도 장학이사 (1998 - 2000)

푸른꿈동산학교 초대 교감, 제2대 교장 역임 (2010 - 2018)

안산동산고등학교 이사 (2004 - 2023)

안산시기독교사협의회 초대 회장 (2013 - 2020)

주일학교 교사 37년

경기서노회 남전도회 연합회장 (2017)

안산동산교회 장로 (2018 - 현재)

안산동산교회 예배국장 (2023 - 2024)

수필가 등단《문학예술》2015년 가을호

신안산대학교 입시 자문 위원 (2021 - 현재)

이상금 목사가 걸어온 길

1974년 — 흑석동교회 등록

1974년 — 학습 교인

1975년 — 신일교회 등록

1975년 — 세례 교인

1976년 — 권찰 임명

1978년 — 집사 임명

1980년 — 방배동 신학교 입학

1981년 — 서울 동산교회 심방전도사 부임

1981년 — 오순절 성결회 신학교 입학

1983년 — 부천 성남교회 심방전도사 부임

1985년 — 김천 황항교회 전도사 부임

1988년 — 3월 7일 소전교회 부임

1998년 — 11월 10일 목사 임명

현재까지 38년 동안 소전교회 시무

김종영 장로님은 평소에도 일상에서 겪는 다양한 이야기들을 일기 형식으로 적어 지인들과 SNS로 공유하곤 하셨습니다. 글이 워낙 맛깔스럽고 감동이 있어서 재미있게 읽어온 터였습니다. 그래서 농담 반 진담 반, "장로님은 대한민국 체육 교사 중 가장 글을 잘 쓰시는 분일 겁니다. 언제 한 번 책을 내셔야겠습니다."라고 말씀드리곤 했는데, 장로님의 첫 책이 드디어 출간되었습니다. 그런데 책 내용은 장로님 본인의 이야기가 아니라, 장로님이 만난 어느 산골교회 목사님의 이야기라는 점이 매우 의미 있게 다가왔습니다.

저에게 추천사를 부탁하는 자리에서 장로님은 오늘날 세상과 한국 사회에 많은 아픈 일들은 결국 자기 자리를 지키는 한 사람이 없어서라고 생각한다고 말씀하셨습니다. 그러면서 아무도 알아주지 않아도 하나님이 기뻐 보시는 자리에서 평생 신실하게 사명을 지켜 온 사람, 바로 대청호 자락의 깊은 산골 벌랏마을에서 목회하신 이상금 목사님의 이야기를 담은 녹음본을 책으로 엮게 되었다고 말씀하셨습니다.

한때 세상 속에서 실패와 절망을 맛보았으나, 복음을 만나 아무도 주목하지 않는 자리에서 오직 하나님만 바라보며 사명을 감당해 낸 이상금 목사님의 이야기.『8844 팔팔하게 살아내고 살려내는』이 책에는 38년 동안 어느 때는 성도 한 사람 없이도 단 하루도 빠짐없이 드려진 새벽 예배, 외로운 시간 속에서도 포기하지 않은 기도와 말씀, 지역과 마을을 품은 진실한 사랑이 한 편의 살아 있는 복음서처럼 펼쳐집니다.

이상금 목사님은 '인생은 자기 자리를 지키는 것'이라고 고백하십니다. 그 말씀이 참으로 마음 깊이 와닿습니다. 교회의 크기나 외적인 성장보다, 하나님 앞에서 '자리를 지키는 믿음'이야말로 가장 위대한 사역임을 목사님의 삶이 보여줍니다.

이 책은 읽는 이에게 이렇게 질문하는 듯합니다.

"당신은 하나님이 맡기신 자리를 잘 지키고 있습니까?"

김종영 장로님이 엮어낸 이상금 목사님의 인생 이야기는 젊은 사역자들에게는 참된 목회의 길을, 인생 끝자락에 선 이들에게는 신실함의 열매를, 교회를 섬기는 모든 이에게는 '자리를 지킨다는 것의 거룩함'을 다시금 새기게 해줄 것입니다.

김성겸
안산동산교회 담임목사

충북 청주시 상당구 문의면 벌랏마을. 깊고 깊은 산골, 땅끝 같은 마을 한편에 자리한 소전교회에서 88세 이상금 목사님은 무려 38년 동안 한결같은 믿음으로 주님을 섬기며 교회를 지켜 오셨습니다.

성도 한 사람 없이, 쥐와 새들만이 함께하는 듯한 적막한 예배당에서도 예배는 단 한 번도 멈추지 않았습니다. 새벽마다 말씀을 전하고, 기도로 하루를 열며 오직 하나님만을 의지해 묵묵히 마을을 지켜 내셨습니다.

불신자들의 핍박과 수많은 고난 속에서도 좌절하거나 포기하지 않고, 그 고난마저 하나님께서 주신 유익임을 받아들이며 외롭고 고요한 자리에서 목회자의 길을 끝까지 걸어오셨습니다. 그 삶의 발자취는 한 권의 책으로 엮였고, 오늘을 살아가는 우리 모두에게 깊은 울림과 도전을 전해 줍니다.

그것은 오직 하나님만을 바라보는 믿음이자, 목회자의 자리를 신실하게 지켜낸 충성의 삶이었습니다. 이 책은 단순한 한 목회자의 이야기가 아닙니다. "너의 자리를 지켜라" 하시는 주님의 음성에 순종하여 깊은 산골에서 빛과 소금이 된 이상금 목사님의 발자취를 담은 귀한 믿음의 기록입니다.

이 책 속에 하나님과 동행하는 기쁨, 목회의 참된 소망이 고스란히 담겨 있습니다. 그 고백은 오늘을 사는 우리모두에게 신앙의 방향과 삶의 길을 밝혀 주는 등불이 될 것입니다. 이 책을 읽는 모든 독자가 어더떠한 여건과 환경 속에서도 오직 주님만 의지하며, 자기 자리를 지키는 행복한 성도로 살아가기를 바랍니다.

주님과 동행하는 기쁨이 다시 회복되기를 간절히 소망하며 이 책을 추천합니다.

김주원
안산동산교회 장로회 회장

추천사

삶을 살아오면서, 안개 자욱한 숲속을 걷는 듯한 때가 참 많았습니다. 분명 목표지를 향해 나아가고 있었지만, 어느 순간부터 앞이 보이지 않고 방향도 잃어버리곤 했습니다. 그렇게 길을 헤매며 방황할 때면, 스스로 그리스도인이라는 사실을 잊고 있었다는 것을 깨닫곤 했습니다. 그럴 때마다 즉시 주님 앞에 무릎 꿇고 기도를 드렸고, 그러면 서서히 안개가 걷히며 마침내 길이 열리곤 했습니다. 저는 이러한 경험을 하나님의 은혜로 여기며 조금씩 성장해 왔고, 그와 함께 사업도 서서히 자리를 잡아가기 시작했습니다.

『8844 팔팔하게 살아내고 살려내는』은 이상금 목사님이 하나님을 만나 그분과 동행한 삶의 기록입니다. 죽을병의 통증으로 고통을 겪다가 치유를 경험한 신비, 절망 속에서도 희망을 바라보게 되는 신비, 내려놓음 속에서 풍요를 누리게 되는 신비, 교인 없이 홀로 드린 외로운 예배 가운데 슬픔이 기쁨으로 승화되는 신비, 비난과 핍박 중에도 평안을 지켜 내는 신비가 이 책 속에 오롯이 담겨 있습니다. 초고가 작성된 지 11년이 지난 2025년 말에 이 책이 출간되었다는 사실 또한 하나님의 섭리 안에서 이루어진 신비라 믿습니다.

이상금 목사님의 이야기는 믿음의 눈으로 보지 않으면 이해하기 어려운 장면들로 가득합니다. 그러나 그 생생한 경험담을 따라가다 보면, 절망 속에서도 희망을 발견하며 살아갈 수 있는 믿음의 비밀을 조금씩 깨닫게 될 것입니다. 목사님은 젊은 나이에 죽을병에 걸려 고통을 겪으셨고, 죽더라도 천국에 가고 싶다는 간절한 마음으로 처음 교회를 찾게 되셨습니다. 그곳에서 하나님의 은혜로 치유를 경험하신 후, 예수님의 사랑에 깊이 감동되어 복음을 전하는 목회의 길에 들어서게 됩니다. 심방 전도사로 시작하여 수많은 어려움과 부족함 속에서도, 절망하거나 불평하지 않고 인내로 이겨내며 마침내 목사가 되기까지의 여정 하나하나에는 하나님의 은혜가 넘칩니다.

목사님의 삶에서 특히 인상 깊은 모습은, 무슨 일을 하든지 먼저 하나님께 묻고, 반드시 응답받은 후 움직이는 신앙의 태도입니다. 그렇게 기도하고, 기다리고, 인내하는 반생(半生)의 삶은 오늘을 살아가는 모든 그리스도인에게 깊은 울림을 줍니다. 이 책이 하나님을 향해 나아가려는 모든 이들에게 작은 열쇠가 되기를 소망합니다.

이금자
경희재활요양병원 이사장

시골교회의 목사님 이야기라 하여 솔직히 천편일률적인 간증문일 것이라 예상했습니다. 그러나 글을 읽으며 화자가 불신자 시절에 바라보았던 교회, 갓 믿음을 얻기 시작한 성도로서 바라본 교회, 그리고 주님의 말씀과 현실 사이의 괴리를 체험하는 것을 접하면서 과연 무엇이 하나님을 섬기는 길이며, 하나님을 섬긴다고 생각하지만 엉뚱한 것을 섬기고 있는 일인지를 되돌아보게 되었습니다.

교회의 본질은 건물이나 법인 등록 여부 등 외형적인 것에 있지 않습니다. 성경에 기록된 대로 두세 사람이 주님의 이름으로 모인 그곳이 곧 교회입니다. 자동차 안에서 예배드린다면 그 차는 움직이는 교회가 되고, 방 안에서 예배드린다면 그 방이 교회가 됩니다. 언제 어디서건 예배자의 마음이 오직 주님을 향해 있다면 흠잡을 데 없는 예배가 되는 것입니다. 화자는 삶을 통해 그런 예배자의 모습을 보여줍니다.

어둠의 영은 항상 성도들이 빛 가운데로 나아가는 것을 방해합니다. 그럴 때 우리는 사탄을 대적해야만 합니다. 우리를 가로막는 이들을 미워해서는 안 됩니다. 그들은 알지 못해서 그럴 뿐이니까요.

주님의 계획은 언제나 우리가 이해하지 못할 만큼 장대합니다. 우리는 그분이 쌓아 올리시는 벽돌에 불과합니다. 믿는 사람이라고 해서 모두가 쓰임 받는 것은 아닙니다. 성경에는 주님을 믿지 않았음에도 불구하고 도구로 쓰인 사람도 있습니다. 우리는 선민이 아니므로, 신앙의 경력이나 교회 봉사 이력을 내세우며 오만해져서는 안 됩니다. 우리는 단지 주님을 조금 먼저 믿은 사람일 뿐이며, 믿지 않는 이들보다 결코 우월하지 않습니다. 그러나 우리는 이 당연한 사실을 자주 잊습니다.

그러므로 '우리가 주님을 따르기로 결심했을 때 어떤 마음이었는가'를 다시 한번 깊이 생각해야 할 것입니다. 이 책에 기록된 이상금 목사님의 생생한 경험을 통해 '초심'이란 것이 무엇인지 그 편린이나마 깨달을 수 있기를 바라며, 주님을 잊는 오만에 걸려 넘어지지 않도록 방향을 바로잡는 이정표가 되기를 진심으로 바랍니다.

김건호
문피아·카카오 웹소설 작가

충청북도 깊은 산골에 자리한 벌랏마을.

433년 전 임진왜란 때 왜적을 피해 한 무리의 사람들이 이곳으로 들어와 터를잡았다. '숨어서 보이지 않는 골짜기'라는 뜻에서 유래된 이 지명은 세월과 함께 '볼앗', '벌앗', '벌랏'으로 발음이 변천되어 오늘의 이름이 되었다. 이 터전에 55년 전인 1970년에 교회가 세워졌다. 이혼을 당하고 쓸쓸히 고향으로 돌아온 여인을 위해 그의 부모가 설립한 소전교회이다. 당시 마을에는 미신을 섬기는 풍속이 뿌리 깊었고, 교회는 초기부터 15년 동안 무려 열여섯 명의 목회자가 바뀌었다. 그 뒤안길에는 교회와 성도를 향한 멸시와 천대, 조롱의 어두운 그림자가 드리워져 있었다.

1988년 3월 7일, 목회를 그만두고 도망치려다 죽을 고비를 넘긴 한 여인이 소전교회에 부임했다. 그가 이상금 전도사였다. 요나가 도망치다 결국 하나님의 부르심을 받은 것처럼, 도망하던 그녀 역시 주님께 붙들려 이곳에 이르게 되었다. 올해로 88세가 된 그는 38년째 교회를 지키고 있다. 온갖 세상 풍파를 견디고, 이혼과 세 번의 죽을 고비까지 넘긴 한 여인이 소전교회에 이르러 하나님과 함께하며 이웃을 섬기고 사랑한 이야기가 이 한 권의 책 속에 비밀처럼 숨겨져 있다. 이 책은 단지 그 비밀의 껍질일 뿐이며, 그 깊은 신비는 마음으로 읽는 이에게 열릴 것이다.

처음 책을 출간하며 가장 감사했던 것은, 이 모든 과정에서 쉬지 않고 기도하게 하신 하나님의 은혜였다. 때론 두려움과 혼자 만들어 낸 부정적인 생각들 때문에 흔들려 시험에 빠지기도 했다.

"왜 이 일을 해야 하가? 무슨 책을 낸다고 이렇게 힘든 일을 꼭 해야만 하나? 출판비는 어떻게 마련하고, 책은 또 어떻게 팔아야 하는가?"

이 문제를 놓고 기도하며 묵상하던 2025년 9월, 하나님께서 "이것은 너의 일이 아니다"라는 말씀을 주셨다. 출간을 포기하려던 순간에 들려온 실바람 같은 세미한 성령님의 위로와 격려가 나를 다시 일으켜 세웠다.

아무도 가보지 않는 길을 가는 것이 인생이다. 소전교회와 이상금 목사님이 걸어온 길도 그러했다. 하나님만을 의지하며 동행해 온 세월 속에서, 이 교회는 하나님의 인도하심으로 고난의 심연을 빠져나와 아름다운 이야기를 써 내려왔다.

지금부터 펼쳐질 깊고 깊은 산골짜기 목사님의 인생 이야기는 교회를 새로운 길로 인도하는 나침반이 될 것이며, 이 시대에 절망하고 낙심하는 성도들과 병들어 지친 영혼의 갈급함을 안고 살아가는 심령에 생수처럼 흘러 들어갈 것이다.

목차

소전교회

충북 청주시 상당구 문의면 염티 소전로 727-2

　간증 책을 출간할 수 있도록 은혜를 베풀어 주신 하나님 아버지께 진심으로 감사드립니다. 출간을 제의받은 후, 지나온 삶을 글로 옮기려 하니 어디서부터 어떻게 시작해야 할지 막막했습니다. 그런데 저자께서 어린 시절부터 지금까지 살아온 이야기를 말로 들려주면 좋겠다고 하셨습니다.

　녹음기를 켜고 하나하나 기억을 더듬어 이야기를 풀어 나갔습니다. 혼잣말을 하며 울고 웃고, 마음이 저릿해지는 순간들을 지나 보니, 어느덧 일대기가 되었습니다. 할머니가 들려주는 옛날 이야기를 듣듯 편안한 마음으로 읽어 주신다면 감사하겠습니다.

2025년 9월 교회 담장 앞에서

1. 지옥보단 천국이 낫겠지

죽음을 눈앞에 두게 되니, 그동안 교회를 부정적으로만 바라보던 제 마음에도 조금씩 변화가 일기 시작했습니다.

"서른일곱에 죽는 건 너무 억울하다. 아직 한창인 나이인데…"라는 서러움이 드는 동시에 이런 생각도 들었습니다.

"예수쟁이들이 말하는 천국과 지옥이 정말 있다면 그래도 지옥보단 천국이 낫겠지?"

저는 1937년 전라남도 고흥군 영남면 금사리에서 여섯 남매 중 다섯째로 태어났습니다. 일제강점기의 고난 속에서 어린 시절을 보냈습니다.

일본은 장기화한 전쟁으로 극심한 물자 부족에 시달리고 있었기 때문에 우리에게서 식량이며 살림살이, 심지어 사람까지 자신들에게 필요한 모든 것을 '공출'이라는 이름으로 강제로 빼앗아 갔습니다. 부모님은 식량과 생필품을 빼앗기지 않으려고 밤중에 땅을 파서 몰래 감추곤 하셨습니다. 그때마다 혹시라도 동네 사람들이나 일본 순사들이 볼까 봐 가슴을 졸였던 기억이 아직도 생생합니다.

동네 언니들이 하얀 저고리에 검은 치마를 입고 아침부터 저녁까지 발이 푹푹 빠지는 갯벌 위를 뛰며 훈련하던 모습도 떠오릅니다. 그때는 왜 그런 훈련을 하는지 몰랐지만, 훗날에서야 알게 되었습니다. 일본군이 위안부로 강제로 끌고 가기 위해 시키던 훈련이었습니다. 전쟁터로 끌려간 외삼촌은 끝내 생사조차 알 수 없었고, 그 일은 온 가족에게 지울 수 없는 슬픔으로 남았습니다. 나라를 잃고 살아야 했던 그 시절의 서러움은 말로 다 표현할 수 없을 만큼 컸습니다.

그렇게 힘든 세월을 보내다가 마침내 1945년, 해방이 되었습니다. 그날의 기쁨은 마치 하늘이 열리고 새 세상이 시작되는 듯했습니다. 모두가 거리로 뛰쳐나와 서로를 끌어안고 "대한독립 만세!"를 외쳤습니다. 하지만 그 감격도 오래가진 못했습니다.

정치적 혼란이 이어지는 가운데 6·25전쟁이 발발했습니다. 일제강점기와는 또 다른 생명의 위협이 도사린 날들이 시작되었습니다. 낮에는 마을 건너편 작은 섬으로 피신했다가 어둠이 내린 뒤에야 다시 집으로 돌아오곤 했습니다. 한밤중에도 총성과 폭격음이 그치질 않아 온 가족이 숨죽이며 벌벌 떨던 날이 헤아릴 수 없이 많았습니다. 전쟁은 길어졌고, 우리는 이곳저곳을 떠돌며 공포와 굶주림 속에서 하루하루를 견뎌야 했습니다.

식민 통치와 연이은 전쟁으로 인한 혼란과 무질서 속에서 사회 전반에는 '여자는 시집가서 잘 살기만 하면 되지, 공부는 무슨 공부냐'라는 분위기가 자연스레 자리 잡았고, 그런 흐름 속에서 저는 국민학교 과정을 겨우 마치는 데 그쳤습니다. 집안 형편이 넉넉하든 그렇지 않든 대부분의 여자아이는 자신이 원하는 만큼 마음 놓고 공부할 수 없는 시대였습니다. 저 역시 그 현실을 거스를 수 없었고, 마음 한구석엔 늘 아쉬움이 남았습니다.

힘겨운 유년 시절이었지만 그 속에도 따뜻한 기억은 남아 있습니다. 제가 자란 고향은 고요하고 풍경이 무척 아름다운 곳이었습니다. 당시 여수로 향하는 대형 여객선이 오전, 오후 한 차례씩 고흥 인근 나라도 선착장에서 사람들을 태우고 오갔습니다. 여객선이 고흥 앞바다를 가로질러 지나가는 모습은 그야말로 장관이었습니다. 우리 마을은 항구이면서 동시에 농촌이기도 했기에 늘 일손이 부족했습니다.

여름에는 논밭일로, 겨울이면 바닷일로 바빠 쉴 틈조차 없었습니다. 갯벌에는 낙지, 소라, 홍합, 바지락, 짱뚱어 등 몸에 좋은 해산물이 풍성했습니다. 굴을 따고 낙지를 잡느라 하루가 어떻게 흘러가는지도 모를 만큼 일에 매달려 살아갔습니다. 그 시절을 떠올리면 가장 먼저 생각나는 사람은 오빠입니다. 늘 다정하고 속 깊었던 분이었지요. 바다에 나가 잡아 온 생선을 커다란 솥에 넣고 호박을 곁들여 끓여 주시던 생선탕의 달큼한 국물 맛은 어디에서도 다시는 맛볼 수 없는, 오빠만의 손맛이었습니다. 오빠는 언제나 우리 동생들을 챙기셨습니다. 외출했다 돌아오실 때면 머리띠나 옷핀, 연필, 공책 같은 작은 선물을 꼭 한 가지씩 들고 오셨지요.

내 고향 고흥 앞바다

그 따뜻한 마음 씀씀이와 다정한 눈빛이 지금도 눈에 선합니다. 비록 삶은 고되고 팍팍한 시절이었지만, 오빠가 있었기에 그 시절은 따뜻한 기억으로 남아 있습니다. 그 기억은 지금도 제 마음을 어루만지며 큰 위로가 되어 줍니다.

철이 들 무렵부터 시골 생활이 점점 무료하고 답답하게 느껴지기 시작해서 친척을 따라 서울로 올라왔습니다. 상경한 후에는 아현동에 있는 농구화 공장에서 일하게 되었는데, 일이 고되긴 했어도 잘 적응해 나갔습니다.

그 무렵 저는 직업군인과 결혼했습니다. 그러나 여러 해가 지나도록 아이가 생기지 않았고, 그것은 점점 부부 사이를 힘들게 만들었습니다. 갈등은 시간이 갈수록 깊어졌고, 결국 우리는 이혼에 이르게 되었습니다. 그 당시만 해도 여성이 아이를 낳지 못한다는 이유만으로도 이혼 사유가 되었고, 지금처럼 이혼이 흔하지 않던 시절이었기에 이혼했다는 사실은 사회적으로 큰 수치로 여겨졌습니다. '이혼녀'라는 꼬리표가 따라붙었습니다.

이혼 후에는 절망과 고통 속에서 하루하루를 버텼습니다. 약을 먹고 삶을 마감하려다 실패하기도 했고, 한동안 술에 의지해 방탕하게 지내기도 했습니다. 그러던 어느 날, 오랜 친구가 저를 찾아와 일자리를 소개해 주었습니다. 그 일을 계기로 다시 사회생활에 발을 디딜 수 있었습니다. 직장 생활에 적응해 가면서 마음도 차츰 안정을 되찾았습니다.

어느 정도 이혼의 아픔이 가라앉았을 무렵, 문득 이런 생각이 들었습니다.

"이제는 이 방탕한 삶을 접고, 돈을 벌어야겠다."

그래서 '배운 게 도둑질'이라는 말처럼, 이전에 공장에서 일한 경험을 살려 사당동 총신대 근처에 어린이 농구화를 만드는 자그마한 가내 공장을 차리게 되었습니다. 공장에서 만든 제품을 청계천시장에 납품하며 조금씩 판로를 개척해 나갔습니다. 직접 원단을 구매하고 거래처를 방문해 수금도 하면서 자연스럽게 고객들과의 신뢰가 쌓였고, 거래처도 하나둘 늘어나기 시작했습니다. 수많은 업자와 부딪치며 일하다 보니 조금씩 사업 수완이 생기기 시작했습니다.

서울 나들이

어디에 돈이 흐르고 어떤 흐름을 타야 수익이 생기는지 알게 되었습니다. 지금 돌이켜보면 정말 열심히 살았습니다. 하루하루 쉴 틈 없이 최선을 다해 앞만 보고 달렸습니다. 그것이 제가 할 수 있는 최선이자 유일한 길이라 믿었기 때문이었습니다.

저는 어릴 때부터 승부욕과 인정욕구가 강한 아이였습니다. 어떤 일이든 남에게 뒤처지는 것이 싫었고, 더 잘 해내기 위해 늘 애썼습니다. 어머니께 칭찬받고 싶을 때면 외출하신 틈에 집 안을 청소해 두었습니다. 어머니께서 돌아오셔서 "우리 딸 참 기특하다"라고 말씀해 주시면, 그 말 한마디가 저에게는 세상 무엇보다 큰 보상이자 존재를 인정받는 순간이었습니다.

저의 그런 성향은 사업을 하며 이른바 '돈맛'을 알게 된 뒤 더욱 뚜렷하게 드러났습니다. 죄를 짓더라도 사람들 눈에 띄지만 않으면 괜찮다는 생각이 들었고, 과정이야 어찌 됐든 결과만 좋으면 된다는 식의 잘못된 기준이 내면에 자리 잡기 시작했습니다. 돈을 많이 버는 것만이 성공한 인생이라 믿었기에 제 삶을 이끌던 유일한 기준은 바로 돈이었습니다. 그것이 인생의 목적이었고, 전부였습니다.

하지만 사업이 자리를 잡고 어느 정도 자금이 모이기 시작했을 무렵, 인생에서 돈과 성공만이 전부가 아니라는 것을 절실히 깨닫게 되는 큰일을 겪게 되었습니다. 그 무렵부터 몸에 이상 신호가 생기기 시작한 것이었습니다. 하지만 그때는 돈 버는 것이 더 중요하다고 여겼기에 병원에 갈 생각조차 하지 않았습니다.

몸이 아파져 올 때면 상비약으로 그럭저럭 버텨 보았지만, 어느 순간부터는 전혀 효과가 없었습니다. 통증은 날이 갈수록 심해졌고 몸 상태가 눈에 띄게 나빠졌습니다. 살아 있는 건지 죽은 건지 모를 정도로 정신이 멍한 상태로 병든 병아리처럼 졸기 일쑤였고, 눈을 부릅떠도 시야가 흐릿했습니다. 무모하리만치 참고 견디면서 계속 일만 했습니다. 그러다가 더는 견딜 수 없을 만큼 몸이 무너져 내렸을 때야 비로소 병원을 찾게 되었습니다.

정밀 검사 결과는 충격적이었습니다. 이혼 후 약을 먹고 목숨을 끊으려 했을 때 위 세척이 제대로 되지 않아 염증이 악화해 있었고, 술을 병째로 들이켰던 탓에 심장도 많이 약해져 있었습니다. 다리는 신경통에 관절염까지 겹쳐, 한 걸음 떼는 것조차 힘겨웠습니다. 의사 선생님은 여러 질환이 한꺼번에 생겨서 매우 위태로운 상태라고 했습니다. 그러나 그런 진단을 받고도 치료에 전념하지 않고, 또다시 돈을 벌기 위해 일터로 나섰습니다.

왜 그런 무모한 짓을 했느냐 하면, 바로 스물한 살 때 겪은 비슷한 경험 때문이었습니다. 그 당시 저는 서울에서 직장을 다니며 하숙을 하고 있었는데, 그때도 원인을 알 수 없는 병이 생겼습니다. 여러 병원을 찾아갔지만, 의사들은 하나같이 무슨 병인지 알 수 없다고만 했습니다. 상태는 점점 나빠져 결국 직장 생활도 이어갈 수 없었습니다.

병세는 점점 심해져서 밤낮 없이 고통에 시달려 신음하다 보니, 거슬리는 소리에 함께 방을 쓰던 하숙생들까지 잠을 이루지 못할 정도였습니다. 결국 더는 민폐를 끼칠 수 없어 하숙 생활을 정리하고 고향으로 내려갈 수밖에 없었습니다.

그 후에도 상황은 나아지지 않았습니다. 고열에 시달려 헛소리를 하고 몸을 뒤척이며 고통스러워하는 저를 살리기 위해 부모님은 온갖 약을 구해다 정성으로 간호하셨습니다. 어느 날 밤, 부엌에서 밥을 짓던 어머니가 조용히 흐느끼는 소리가 들려왔습니다. 그 애잔한 울음소리는 지금도 제 기억 속에 선명하게 남아 있습니다. 마을의 몇몇 어르신들은 딸의 병은 고칠 수 없으니 포기하라고 하셨지만, 어머니는 단호하게 고개를 저으시며 말씀하셨습니다.

"나는 절대 우리 딸을 포기할 수 없습니다."

그 말씀대로 어머니는 저를 포기하지 않으셨고, 그 정성과 사랑 덕분에 저는 회복할 수 있었습니다. 어떤 약이 실제로 효과가 있었던 건지, 어떤 치료가 주효했는지는 지금도 알 수 없지만, 그저 부모님의 헌신과 눈물 어린 노력 덕분에 살아났다고 믿어 왔습니다. 그렇게 병을 이겨낸 경험이 있었기에, 무모한 믿음으로 버틴 것이었습니다.

"시간이 지나면 언젠가는 낫겠지."

"어떻게든 버티다 보면 괜찮아지겠지."

심지어는 이런 생각까지 했었습니다.

"정 안 되면 무당에게라도 정성을 들이면 낫지 않겠나."

그렇게 두 달을 더 버티다가 정말 죽을 만큼 아프던 어느 날 다시 병원을 찾아가 의사 선생님께 간절히 살려 달라고 부탁드렸습니다. 그러자 의사 선생님은 이렇게 말씀하셨습니다.

"합병증이 더 심해져 환자의 몸이 전보다 훨씬 더 약해졌습니다. 중증 빈혈이 있어서 수술도 할 수가 없어요. 여러모로 지금은 어떤 치료를 해야 할지 판단하기가 어려우니, 약을 써본 후 경과를 지켜보고 다시 진단해 보겠습니다."

이어진 말은 저를 더욱 절망에 빠뜨렸습니다.

"하지만 그때가 되더라도 수술이 가능하단 보장은 못 합니다."

그 말을 듣고 "이제 정말 죽음이 가까워졌구나." 하는 생각이 들었습니다. 실의에 빠져 한숨 쉬던 그 순간, 어렸을 적 친구들과 소꿉장난하던 장면이 마치 낡은 필름이 돌아가듯 눈앞에 하나둘 떠오르기 시작했습니다.

소라껍데기에 담은 흙을 밥이라고 하고, 조개껍데기를 반찬 그릇 삼아 상을 차리던 소꿉놀이와 돌멩이 따먹기 놀이로 하루를 보내던 날들이 생생하게 떠올랐습니다. 잔가지, 돌멩이, 솔방울, 조개껍데기들을 진짜 살림살이인 양 애지중지하며 놀다가도 해가 뉘엿뉘엿 질 무렵 엄마가 찾으시는 소리에 그토록 아끼던 것들을 미련 없이 내던지고 집으로 돌아가곤 했습니다.

땅따먹기 놀이를 하다가도 저녁이 되어 집으로 돌아갈 시간이 되면, 애써 넓혀 놓은 땅을 아무렇지 않게 발로 쓱쓱 지워 버리곤 했습니다.

밥이었고, 그릇이었고, 영역이었던 것들은 우리가 의미를 부여했기에 잠시 소중히 여겨졌을 뿐이었고, 의미 부여가 사라지는 '집으로 가야 할 때'가 되면 흙바닥 위에 남은 건 결국 아무 쓸모도 없는, 그저 밟히거나 차이는 미물에 지나지 않았습니다. 그 어린 시절의 기억이 죽음을 앞둔 당시의 제 모습에 포개졌습니다. 그 순간 마음 깊은 곳에서 한 가지 깨달음이 찾아왔습니다.

"많이 가진 사람이나 적게 가진 사람이나, 많이 배운 사람이나 배우지 못한 사람이나, 죽음 앞에선 결국 다 소꿉장난 같은 것이 인생이구나…"

아무것도 없이 시작해 악착같이 살아낸 37년. 겨우 사람답게 살아볼 수 있을 것 같았던 때 모든 것을 내려놓아야 했기에 억울함이 밀려왔습니다. 돈을 벌 수만 있다면 청계천, 동대문, 남대문은 물론이고 전국 방방곡곡 어디든 마다하지 않고 찾아다녔습니다. 정말 무던히 애썼습니다. 그러나 그 모든 수고가 다 소용없는 일이었습니다. 더 이상 기대할 것도, 바라볼 것도 없는 현실 속에서 마음에는 절망만 가득했습니다.

사당동 우리 집 뒤에는 감리교회가 하나 있었습니다. 그 교회의 교인들은 일요일마다 우리 공장에 전도하러 찾아왔습니다. 사업이 확장되어 일요일도 휴식 없이 일해야 할 만큼 바빴던 터라, 일하는 중에 찾아와 방해하는 그들이 참 못마땅했습니다. 그래서 어느 날은 이렇게 말했습니다.

“일하는 데 와서 방해 좀 하지 마세요. 나는 절대로 예수 안 믿을 거니까 오지 말라고요.”

단정하게 차려입어 번듯해 보이는 겉모습과는 달리, 남이 바쁘게 일하는 와중에도 눈치 없이 찾아오는 모습을 보며 “어딘가 조금 모자란 사람들 아닌가?” 하는 생각이 들었습니다.

제가 그 교회를 싫어하게 된 데에는 다른 결정적인 이유가 있었습니다. 낮에는 아픈 것도 잊은 채 무리해서 일을 하다 보니 밤에는 긴장이 풀려 온몸이 아파 좀처럼 잠을 이루지 못했습니다. 저녁 내내 끙끙거리다가 자정이 지나서야 겨우 잠들곤 했는데, 꼭 새벽 4시만 되면 교회에서 울리는 시끄러운 종소리에 깼습니다. 한 번 잠에서 깨면 다시 잠들기가 쉽지 않았습니다. 그런 불편이 날마다 반복되다 보니 교회는 제게 피해를 주는 불쾌한 곳으로만 느껴졌고, 반감도 깊어졌습니다.

어느 날은 김○○ 목사님이 사당동 시장 근처에 천막을 치고 며칠 동안 집회를 연 적이 있었습니다. 집회가 끝난 뒤에 동네 아주머니들이 모여 수군거렸습니다.

“그 집회에서 어떤 사람은 병이 나았다고 금목걸이를 내놓고, 어떤 사람은 금반지를 내놨대요. 그래도 좋다고 아주 난리예요.”

저는 그 말을 듣고 단호하게 말했습니다.

“믿지 마세요. 거짓말이에요. 사기입니다. 병이 나면 병원에 가서 수술하든지, 무당을 불러 굿을 하든지 해야지요.”

아주머니들은 입을 삐죽삐죽거리며 물러갔습니다.

어릴 적 제가 아플 때면 어머니는 밥 세 그릇을 떠서 정성껏 빌었고, 심한 병일 땐 무당을 불러 굿을 하시곤 했습니다. 그런 걸 보며 자랐기 때문에 교회 집회에서 병이 나았다는 말은 도무지 믿을 수 없기도 했고, 당시 교회라면 치를 떨고 있었기에 더욱 부정하였습니다.

그 당시에는 '국산품 애용'이라는 이름을 내건 장사 방식이 있었습니다. 마치 지금의 로또 복권처럼 추첨을 통해 당첨 번호와 같은 숫자를 고른 사람에게는 금반지나 밀가루 등 해당 물품으로 교환해 주는 일종의 사행성 게임이었습니다. 하지만 그것은 결코 공정한 방식이 아니었습니다. 금반지, 전자제품 같은 고가의 물품은 손님으로 위장한 일당에게만 주는 '미끼 상품'에 불과했기 때문에 일반 참가자들은 애초에 그런 좋은 물품을 받을 수 없는 구조였습니다. 그들에게 속아 넘어간 참가자들은 호기롭게 도전했다가 결국 자신이 낸 돈에 비해 훨씬 값어치가 떨어지는 상품을 받아 들고 돌아가야 했습니다. 교회 부흥회에서 병을 고쳐준다는 말도 그런 사기와 다를 바 없다고 여겼습니다.

사실, 제가 교회에 나가지 않기로 굳게 마음먹었던 가장 큰 이유는 헌금 때문이었습니다. 힘들게 번 돈을 교회에 바친다는 것이 도무지 이해되지 않았고, 무엇보다도 교회에서 돈을 걷는다는 사실 자체에 강한 거부감이 들었습니다. 하지만 죽음을 눈앞에 두게 되니, 그동안 교회를 부정적으로만 바라보던 제 마음에도 조금씩 변화가 일기 시작했습니다.

"서른일곱에 죽는 건 너무 억울하다. 아직 한창인 나이인데…"
라는 서러움이 드는 동시에 이런 생각도 들었습니다.

"예수쟁이들이 말하는 천국과 지옥이 정말 있다면 그래도 지옥보단 천국이 낫겠지?"

그즈음 옆집에 살던 아주머니가 자신이 다니는 교회에서 아픈 사람들의 병을 고쳐준다며 함께 가보자고 권하셨습니다. 하지만 저는 또 습관처럼 빈정대며 말했습니다.

"몸이 아프면 병원에 가든지, 굿을 해야지. 교회에서 무슨 병을 고쳐요?"

그렇게 박대하며 아주머니께서 내민 손을 끝내 잡지 않았습니다. 제 태도에 상심한 아주머니는 더 이상 전도하러 오지 않았습니다. 하지만 며칠이 흐른 뒤, 몸이 너무 아파 도저히 견딜 수 없게 되어 제가 오히려 그분을 찾아가 말했습니다.

"저 이러다가 곧 죽을 것 같습니다. 아주머니가 말씀하신 천국과 지옥이 정말 있다면 지옥에는 가고 싶지 않고 천국에 가고 싶습니다. 그러니 저를 교회에 데려가 주세요."

그렇게 해서 난생처음으로 가게 된 교회는 대한예수교장로회 흑석동교회였습니다. 담임목사님께서 이전에 시흥에서 목회하시다가 아들에게 교회를 물려주시고 새롭게 개척하신 아담한 규모의 교회였습니다. 사모님은 전국을 다니며 부흥회를 인도하시는 유명한 부흥사였고, 병을 고치는 '신유의 은사'를 받은 분으로 알려져 있었습니다.

제 인생의 첫 예배는 1974년 새해 첫 주 예배였습니다.

주일 예배를 시작으로 월요일부터 수요일까지 3일간 이어지는 집회에 계속 참석했습니다. 집회의 마지막 날인 수요일 낮에는 안수 기도 시간이 있었고, 저는 아들 목사님께 안수기도를 받게 되었습니다. 기운 없이 앉아 있다가 차례가 되어 누운 상태로 안수기도를 받았습니다. 목사님은 배 위에 두 손을 얹고 알아들을 수 없는 말로 아주 간절하게 기도하시기 시작했습니다. 그러던 중 갑자기 배에서 '쾅!' 하고 천둥이 치는 듯한 소리가 났습니다. 그 순간 목사님께서 외치셨습니다.

"아! 이 아줌마 수지맞았네. 아줌마, 병 고쳤습니다!"

흑석동교회 성도들과 함께한 모습(2열 오른쪽 두 번째)

그 말이 끝나기도 전에 제대로 앉아 있기도 힘들었던 몸이 벌떡 일어날 수 있을 정도로 가벼워졌고, 힘이 솟았습니다. 놀라고 기쁜 마음에 그 자리에서 눈물, 콧물을 쏟아내며 한참을 통곡했습니다. 그렇게 실컷 울고 나니 마음속에는 말로 다할 수 없는 기쁨이 가득 차올랐습니다. 교회 문을 들어설 때만 해도 비실비실한 몸으로 한 발짝 떼기도 힘들었는데, 집회가 끝난 뒤에는 마치 날아갈 듯 가벼운 몸으로 문을 나설 수 있었습니다.

집으로 돌아온 후 갈증이 나 물 한 컵을 따랐습니다. 치유받기 전에는 한 모금도 넘기기 어려웠는데, 그 물을 단숨에 꿀꺽 삼켜 시원하게 마실 수 있었습니다. 죽도 한 입 떠먹어 보니 부드럽게 잘 넘어갔습니다. 몸에 점점 힘이 솟는 것이 느껴졌고, 마음에는 설명할 수 없는 기쁨이 차올라 오빠에게 전화를 걸었습니다.

"오빠, 나 교회 가서 안수 기도 받고 병이 나았어!"

그러자 오빠는 반신반의하며 말씀하셨습니다.

"정말 다 나은 건지는 병원에 가서 확인해 봐야지."

하지만 저는 병원에 가지 않았습니다. 소화도 잘되고 몸에 힘도 생기는 것이 전과는 비교할 수 없이 달라진 몸 상태를 느끼고 있었기 때문에 병이 다 나았다는 확신이 들었습니다.

38년 된 중풍 병자에게 "일어나 네 자리를 들고 걸어가라"(요한복음 5:8)라고 명하신 예수님의 기적이 제게도 일어났던 것이었습니다.

지난날 교회에서 무슨 병을 고치냐며 비웃고 조롱했던 저에
게 하나님께서는 이렇게 말씀하시는 듯했습니다.

"어리석은 자여, 이렇게 고쳐 주어도 믿지 않겠느냐?"

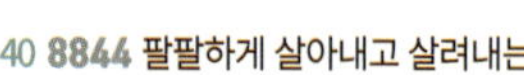

2. 그물을 내려 고기를 잡으라

말씀을 마치시고 시몬에게 이르시되 깊은 데로 가서 그물을 내려 고기를 잡으라. (누가복음 5장 4절, 개역개정)

그때부터 그 말씀의 뜻을 정확히 깨달을 수 있을 때까지 기도만 드렸습니다. 그러나 사업의 문은 좀처럼 열리지 않았고, 상황은 답답하고 막막하기만 했습니다. 그렇게 긴 시간 간구하며 주님의 뜻을 구하던 어느 날, 마침내 그 말씀이 단순히 돈을 버는 '사업의 길'을 말하는 것이 아니라, '사람을 낚는 일' 곧 복음을 전하는 사역으로의 부르심이라는 것을 깨닫게 되었습니다.

병이 나은 뒤, 제 삶은 마치 지옥에서 천국으로 옮겨진 듯했습니다. 세상을 바라보는 눈이 달라지니, 모든 것이 새롭게 보이고 아름답게 느껴졌습니다. 병을 고쳐 주신 하나님께 감사한 마음이 가득 차올라, 수술비로 마련해 두었던 돈 전부를 헌금하기로 결심했습니다. 돈을 들여 수술받는다 해도 고칠 수 있다고 장담할 수 없다고 했던 몸이었습니다. 하지만 하나님께서는 수술도 필요 없이, 칼 하나 대지 않고 상처 하나 없게 제 몸을 말끔히 고쳐 주셨습니다.

"새 생명을 주신 하나님께 드리는 돈이 어찌 아깝겠는가."

그런 마음으로 기꺼이 헌금을 드릴 수 있었고, 마음 깊은 곳에서 말로 다할 수 없는 기쁨이 샘솟는 것을 느꼈습니다.

놀라웠던 것은 교회에 발걸음을 돌리게 만든 가장 큰 걸림돌이었던 헌금에 대한 반감이 거짓말처럼 사라졌다는 사실이었습니다. 돌이켜보면 그 순간은 단순한 감정의 변화가 아니라, 하나님께서 제 마음을 만지신 은혜의 순간이었습니다.

그 후로 제 삶은 돈만 쫓던 자리에서 벗어나 점차 하나님께 시선을 두는 인생으로 바뀌어 갔습니다. 그렇게 싫어했던 교회가 점점 좋아졌고, 무엇보다 하나님 말씀을 듣는 것이 기쁘고 즐거웠습니다. 길을 걸을 때 들리는 새소리, 바람 소리조차 찬송처럼 들렸습니다. 하나님께서 눈과 귀, 마음까지 새롭게 해주셨습니다. 교회에서 기도 잘하고 성경 말씀에 해박한 권사님들을 보면 참 부러웠습니다.

“나는 언제쯤 저분들처럼 될 수 있을까?”

하나님을 더 깊이 알고 싶다는 갈망이 점점 커지던 그 무렵, 저는 매일 사당동에서 흑석동까지 버스를 타고 새벽 예배에 참석했습니다. 또한 말씀을 기초부터 제대로 배우고 싶다는 마음에 주일학교 보조교사로 자원하여 섬겼습니다. 하나님을 조금씩 알아 가는 과정에서 믿음 없이 방황하던 시절이 떠올랐습니다.

결혼 후 아이가 생기지 않아 힘들었을 때 아이를 갖고 싶다는 간절한 마음에 무당이 시키는 대로 높은 산에 올라가 굿을 하기도 했고, 공을 들이라는 말에 비무장지대 근처까지 들어가 굿을 한 적도 있었습니다. 하지만 굿이 끝난 후에는 늘 같은 생각만 남았습니다.

“헛일했구나…”

하지만 교회는 분명히 달랐습니다. 예배를 드릴수록 마음의 기쁨과 즐거움이 더 커졌습니다. 주중에 일을 하면서도 주일이 오기를 손꼽아 기다리게 되었고, 구역 예배를 드릴 때면 그 시간이 참으로 감사하고 행복하게 느껴졌습니다.

한때는 전도하러 오는 사람들을 눈치 없고 부끄러움도 모르는 모자란 이들이라고 조롱했습니다. 하지만 하나님의 은혜로 새사람이 되고 보니 예수 믿는 사람들이 오히려 지극히 정상이었고 이전의 제가 비정상이었음을 뼈저리게 깨달았습니다.

복음을 받아들이고 나서부터 삶의 변화는 계속되었습니다.

설교 말씀에 푹 빠져들었고, 말씀이 꿀송이보다 더 달게 느껴졌습니다. 온 마음과 뜻과 정성을 다해 말씀을 들었습니다.

설교 중에 목사님께서 이렇게 말씀하셨습니다.

"믿음이 잘 자라려면 성경을 많이 읽어야 합니다. 특히 창세기부터 순서대로 읽어야 합니다."

사업 때문에 성경 읽을 시간이 많지는 않았지만, 틈날 때마다 정성껏 읽어 나갔습니다. 읽으면 읽을수록 마치 역사 이야기를 읽는 것처럼 흥미로웠고, 말씀 속 사건들이 실제로 믿어졌습니다. 성경 구절의 의미가 마음에 자연스럽게 스며들었습니다. 그 깨달음을 옆집 아주머니에게 전해 주었습니다. 제 말을 듣고 그분은 이렇게 말씀하셨습니다.

"나는 솔직히 성경을 읽어도 뭐가 뭔지 잘 모르겠어요. 상금씨처럼 성경을 잘 이해하는 건, 하나님이 주신 특별한 은혜예요."

주님의 은혜 가운데 신앙이 날로 자라던 중에 교회 여전도사님과 함께 서울 청계산에 있는 기도원에 가게 되었습니다.

그때 전도사님께서 제게 이렇게 말씀하셨습니다.

"성도님은 아직 믿음이 어린 시기이니, 이번에는 다른 기도 말고 회개 기도만 하세요. 그래야 은혜받을 수 있어요."

그러고는 기도 굴에 들어가 기도하라고 하셨습니다.

"기도 중에 무서울 수도 있고 이상한 소리가 들릴 수도 있지만, 놀라지 말고 계속 기도하세요."

그 말에 조금 겁이 나서 망설이다가 기도 굴에 들어갔습니다.

전도사님께서 시키신 대로 하나님께 "저는 죄인입니다"라고 기도드렸습니다. 시간이 지나면서 형식적인 기도를 벗어나 저도 모르게 마음 깊은 곳에서 지난날의 죄를 고백하는 회개를 하게 되었습니다. 교회에 다닌 지 이제 겨우 몇 달이었으니, 무슨 조리 있는 기도를 할 수 있었겠습니까. 그저 회개하며 울고 또 울 뿐이었습니다. 그렇게 울기만 하다가 기도원에서 내려오게 되었습니다. 그런데 마음은 이상할 만큼 후련했습니다. 가슴 깊은 곳에서 무언가가 씻겨 내려가듯 평안과 자유가 밀려왔습니다. 그렇게 저는 처음으로 '죄 씻음'의 은혜를 알게 되었습니다.

그 후 3개월쯤 지난 어느 날, 한얼산기도원에서 열린 이○○ 목사님의 부흥 집회에 참석했습니다. 그곳에 간 이유는 방언을 꼭 받고 싶었기 때문이었습니다. 사람들 사이에서는 '한얼산기도원 집회에 가면 개만 빼고 사람은 다 방언을 받는다'라는 말이 있을 정도로 기도원에서 방언의 은사가 강하게 임한다는 소문이 퍼져 있었습니다.

집회는 월요일부터 금요일까지 계속되는데, 금요일에는 참석자들이 받은 방언이 올바른 것인지 이○○ 목사님께서 점검해주는 시간이 있었습니다. 기대와 걱정이 뒤섞인 마음으로 기다리다 마침내 차례가 되어 목사님 앞으로 나갔습니다.

목사님께서 머리에 손을 얹고 기도하시며 방언하라고 권하셨습니다. 그런데 그 순간 갑자기 혀가 굳어버려, 기도는커녕 말

한마디 나오지 않았습니다. 목사님은 약간 당황하시며 꾸짖듯 말씀하셨습니다.

"멍석 깔아주면 하던 짓도 못 한다더니, 왜 방언 안 합니까?"

그 말을 듣는 순간 수많은 사람의 시선이 쏠려 있다는 생각에 얼굴이 화끈 달아오르고, 너무 창피해서 고개조차 들 수 없었습니다. 그 자리를 서둘러 벗어나 기도원 뒷산으로 올라가 하나님께 몸부림치며 울었습니다.

"은사를 주시려면 확실히 주시고 안 주시려면 말지 왜 엉터리 같은 방언을 주셔서 이 많은 사람 앞에서 망신을 당하게 하셨습니까."

그러고는 떼를 쓰듯 외쳤습니다.

"새 방언을 주시지 않으면 절대로 이 산에서 내려가지 않겠습니다."

그렇게 울며 매달린 뒤 다시 산 아래로 내려와 한참을 기도하다가 입에서 다시 방언이 터져 나왔습니다. 그것이 하나님께서 새롭게 주신 방언이라 믿었고, 감사한 마음으로 기도원에서 내려왔습니다.

집에 돌아온 날 밤에 방언으로 밤새워 기도하다가 이윽고 통역과 예언까지 하게 되었고, 온몸으로 성령님의 강한 임재와 역사를 깊이 체험했습니다. 다음 날 새벽 예배가 끝난 뒤 교회 전도사님께서 조용히 다가와 말씀하셨습니다.

“잠시 이야기 좀 나눌까요?”

저는 기쁜 마음으로 전도사님께 밤새 방언, 통역, 예언을 했던 체험을 자랑삼아 모두 말했습니다. 전도사님은 평소 저를 위해 많이 기도해 주시고 믿음이 잘 자라도록 늘 곁에서 도와주시던 분이었기에, 하나님께서 아무에게도 말하지 말라고 하신 말씀까지 솔직히 모두 털어놓았습니다. 전도사님께 말씀드린 방언의 통역 내용은 이러했습니다.

“사랑하는 딸아, 너는 착하고 충성되며 모든 일을 잘하고 있지만, 네 주변 사람들은 오히려 네가 잘못하고 있다고 말하고 있다. 하지만 그렇지 않다. 그동안 참 많이 수고하였다. 네가 받은 은혜가 너무 크기 때문에 그것을 다른 사람에게 말하면 오히려 시기와 질투를 받을 것이다. 그러니 아무에게도 말하지 말라.”

전도사님은 이야기를 다 들은 뒤 말씀하셨습니다.

“은혜를 받긴 했지만 지금은 양신의 역사, 즉 성령의 역사와 마귀의 역사가 섞여 나타나는 현상이 일어나고 있으니 오늘 밤부터 함께 철야 기도를 합시다.”

그리고 이렇게 덧붙이셨습니다.

“당분간은 방언 기도를 하지 마세요. ‘하나님 아버지, 제 안에 있는 악하고 더러운 영을 물리쳐 주시고 오직 성령님만 임하게 해 주세요’라고만 기도하세요.”

전도사님의 말씀에 순종하여 회개 기도에 집중하기 시작하자 뒤섞여 있던 엉터리 방언과 예언이 점점 사라졌고, 마음과 영이

맑아지는 것을 느낄 수 있었습니다. 그 후 온전한 영의 세계를 경험하게 되었고, 어느 순간부터는 영을 분별하는 은사가 임하기 시작했습니다. 지금 돌이켜보면 만약 전도사님이 아니었더라면 엉터리 방언과 예언, 통역을 하면서도 그 모든 것이 하나님께서 주신 신령한 은사라고 착각한 채 살아갔을지도 모릅니다.

하지만 하나님은 저를 사랑하셔서 신실한 전도사님을 저의 삶 가운데 보내주셨고, 그분을 통해 올바른 신앙의 길로 인도해 주셨습니다. 세월이 한참 지난 지금 생각해도 그저 감사할 뿐입니다. 만약 잘못된 영을 받고 성령님을 거역하며 사역했다면 아마도 이단이 되어 큰 죄를 저지르며 살았을 것입니다.

전도사님 결혼식장에서 교우님들과 함께(색안경 착용)

성령의 역사하심을 직접 체험한 후 믿음은 한층 더 깊어졌고, 1975년 7월에는 학습 교인이 되었습니다. 신앙이 자라려면 무엇보다 새벽 예배에 빠지지 않고 참석하는 것이 중요하다고 배웠습니다. 하지만 사업을 하다 보니 피곤함에 지쳐 예배에 참석하지 못하는 날도 종종 있었습니다. 무엇보다 사당동에서 흑석동까지 버스를 타고 오가는 거리와 시간이 큰 부담이었는데, 추운 날엔 더욱 힘들었습니다.

이 문제로 고민하던 끝에 결심했습니다.

"집에서 가까운 교회에 다니면 새벽 예배에 꾸준히 나갈 수 있겠다."

주일 낮 예배를 마친 뒤 담임목사님 앞에 무릎을 꿇고 결단한 대로 말씀드렸습니다.

"죽을 수밖에 없었던 저를 은혜로 살려 주신 하나님만을 위해 살고 싶습니다. 특히 새벽 예배에 빠지지 않고 참석하고 싶은데 이 교회는 거리가 멀어 꾸준히 나오기가 어렵습니다. 그러니 집에서 가까운 교회에 등록해서 새벽 예배를 온전히 드리며 신앙 생활을 더욱 열심히 하려고 합니다."

말씀을 다 드리자, 목사님은 조용히 말씀하셨습니다.

"붙잡고 싶지만, 상황이 이러하니 붙잡을 수도 없네요."

하지만 옆에 계시던 사모님은 감정을 숨기지 못하시고 크게 화를 내며 말씀하셨습니다.

"죽을병을 고쳐줬더니 이제 와서 배신하나요?"

그 말씀이 몹시 섭섭했습니다. 그리고 깊이 깨달았습니다.

"신앙생활에 있어서 절대 사람에게 의지해서는 안 되겠다. 사람에게 도움을 구하려 하거나, 신앙 공동체 안에서 사교적으로 지나치게 가까워지는 것도 조심해야겠다."

그러면서도 목사님 사택에서 나오며 마음 한구석엔 죄송하고 부끄러운 감정이 떠나지 않았습니다.

"배신자가 된 것 같아. 두 분께 너무 큰 실례를 했구나."

하지만 하나님을 더 깊이 알고 가까이 따르기 위해 눈물을 머금고 집으로 돌아왔습니다.

서울 사당동은 예로부터 사당(祠堂)이 많았던 곳이라 그런지 사단의 세력이 강하게 작용하는 지역으로 여겨지곤 했습니다. 하지만 '죄가 많은 곳에 은혜가 넘친다'라는 성경 말씀처럼 그곳에는 총신대학교를 위시한 여러 교회가 자리하고 있었습니다. 그래서 출석할 교회를 결정하기가 어려웠습니다.

고민 끝에 월요일부터 토요일까지 하루에 한 교회씩 새벽 예배에 참석해 본 후 결정하기로 했고, 일주일 동안 여러 교회를 돌아본 끝에 사당동 신일성결교회에 출석하기로 마음을 정했습니다. 신일교회는 주일학교를 포함해 약 오백 명 정도의 성도가 출석하는 성령의 은혜가 충만하고 날로 부흥하는 건강한 교회였습니다.

교회에는 세 개의 여전도회가 조직되어 있었는데, 저는 2여전도회에 소속되었습니다. 2여전도회 회장님은 전도사 역할까지

했던 분으로 저와는 동갑내기였으며 신앙 경력도 오래되어 믿음이 깊고 성품도 온유하며 겸손했습니다. 매 주일 감사헌금을 드리는 모습 등 성품, 행동 하나하나가 신앙의 본이 되는 분이었습니다. 사당동 산자락 마을에서 넉넉하지 않은 형편 가운데 남편의 핍박을 받으면서도 믿음을 굳게 지켜 나가시는 2여전도회 회장님의 모습은 제게 깊은 울림을 주었고, 큰 도전이 되었습니다. 회장님처럼 기도를 잘하고 감사헌금도 잘 드리는 모범적인 신자가 되게 해달라는 것이 제 기도 제목이기도 했습니다.

그때부터 매주 감사헌금을 드리기 시작했고, 예수님을 늦게 믿은 마음속 아쉬움만큼 더욱 열심히 신앙생활 했습니다. 1975년에 세례교인이 되었고 1976년에 권찰, 1978년에 집사로 임명받았습니다.

동시에 여전도회에서 중요한 역할 중 하나인 회계 직책을 맡게 되어 사명감도 더 커졌습니다. 2여전도회는 회장, 총무, 서기직을 맡은 임원들이 모두 저와 동갑내기였는데, 서로 마음이 잘 맞았습니다. 교회는 늘 성령의 은혜가 충만했고, 당회 역시 하나되어 교회의 모든 일에 긍정으로 화답하며 진취적으로 운영되었습니다.

어쩌다 교회에 문제가 생길 때면 이○○ 담임 목사님은 보따리를 챙겨 산으로 올라가 기도하셨고, 사모님 역시 문제를 기도를 통해 해결 받으셨습니다. 성도님들 또한 문제의 크고 작음을 따지지 않고 하나님 앞에 엎드려 기도하며 온전히 맡겼습니다.

기도할 때 문제들이 하나씩 풀려가는 놀라운 은혜를 경험할 수 있었습니다. 반면, 사람의 힘으로 해결하려 하면 일이 더 복잡해지고 꼬이기 마련이었습니다. 하나님께 온전히 맡길 때 작은 소란 하나 없이 상황은 평안히 정리되었고, 성도님들도 상처받지 않고 믿음이 자라나는 것을 직접 볼 수 있었습니다.

신앙은 날이 갈수록 깊어져 갔지만 사업은 점점 내리막길을 걷고 있었습니다. 결국 사업을 정리한 뒤 어떤 일을 시작해야 할지 고민하게 되었습니다. 하나님의 뜻을 분별하고자 명확한 응답이 주어질 때까지 철야 기도에 매달리기로 결심했습니다.

신일교회 여전도회 임원님들과 함께(오른쪽에서 두 번째)

철야 기도는 주로 교회 지하실에서 드리곤 했습니다. 어느 날 밤, 새로운 사업을 위해 간절히 기도하고 있을 때 어떤 음성이 들렸습니다. 귀에 또렷하게 들렸지만, 그 뜻을 정확히 알 수가 없었습니다. 그래서 정신을 가다듬고 다시 기도드렸습니다.

"하나님 아버지, 제가 아직 부족해서 무슨 말씀인지 모르겠습니다. 제대로 알아 들을 수 있도록 분명하게 말씀해 주세요."

간절히 기도드리던 그때, 시선이 지하실 벽에 걸려 있던 칠판으로 향했습니다. 그 순간 칠판 턱 위에 놓여 있던 하얀 분필이 천천히 스스로 움직이기 시작하더니 글씨를 또박또박 써 내려갔습니다. 처음에는 눈을 의심했지만, 분명히 제 눈앞에서 벌어진 일이었습니다.

그 말씀은 누가복음 5장 4절이었습니다.

말씀을 마치시고 시몬에게 이르시되 깊은 데로 가서 그물을 내려 고기를 잡으라 (누가복음 5장 4절, 개역개정)

그때부터 그 말씀의 뜻을 정확히 깨달을 수 있을 때까지 기도만 드렸습니다. 그러나 사업의 문은 좀처럼 열리지 않았고, 상황은 답답하고 막막하기만 했습니다. 그렇게 긴 시간 간구하며 주님의 뜻을 구하던 어느 날, 마침내 그 말씀이 단순히 돈을 버는 '사업의 길'을 말하는 것이 아니라, '사람을 낚는 일' 곧 복음을 전하는 사역으로의 부르심이라는 것을 깨닫게 되었습니다.

하나님께서 원하신 길은 사업이 아닌, 복음을 전하는 사명의 길이었고 그 말씀이야말로 지난 2년간의 기도에 대한 하나님의 명확한 응답이자 부르심이었음을 분명히 알게 되었습니다.

하지만 주님께서 주신 응답에 곧바로 순종하기에는 여러모로 부담이 따랐습니다. 그중 가장 큰 장애물은 세상 사람들이 흔히 말하는 '가방끈이 짧다'는 현실적인 한계였습니다.

하나님의 은혜로 많은 영적 체험을 하고 말씀을 사모하며 봉사하는 가운데 믿음은 빠르게 자랐지만, 부족한 학력을 가진 저는 스스로 과연 복음을 전할 자격이 있는지 끊임없이 자문했습니다. 그러나 좌절 속에서도 깨달음이 찾아왔습니다.

죽음 직전까지 갔던 제 육신을 하나님께서 고쳐 주신 기적을 본 형제들, 공장 직원들까지 하나둘 예수님을 믿게 되었던 과정이 떠올랐던 것이었습니다.

"전도는 내가 하는 것이 아니라, 하나님이 하시는 일이다."

그렇기에 하나님께서 예비하신 곳으로 인도해 주실 것이라는 확신이 마음에 자리 잡았습니다. 그래서 또다시 2년 동안 하루도 빠짐없이 계속 철야기도를 했습니다. 저의 나아갈 길을 열어 주실 때까지 말씀을 붙들고 엎드리니, 하나님께서 반드시 길을 열어주시리라 기대할 수 있었습니다.

3. 계획은 한순간에 무너졌습니다

모든 일이 계획대로 착착 이루어지는 것이 내심 만족스러웠습니다. 짐도 미리 정리해 두고 그저 떠날 날만 기다리고 있었습니다.

그러나 그 모든 계획은 한순간에 무너졌습니다.

후임 전도사님과 함께 김천에 다녀오던 어느 날, 급하게 커브를 돌던 직행버스가 방향을 잃고 차도를 벗어나 도로를 걷고 있던 우리를 그대로 덮치는 큰 교통 사고를 당했습니다. 삶의 흐름을 송두리째 바꾸는 사건이 아무런 예고도 없이 일어났던 것입니다.

인생을 살아오며 겪은 많은 일 중, 방배동 신학교에 입학하게 된 것은 하나님이 주신 은혜 중의 은혜였습니다.

낮에는 심방 전도사로 사역하고 밤에는 학교에서 공부하는 생활은 육체적으로는 고된 일이었지만 부르심에 감사하며 복음을 전하기 위해 거리마다 골목마다 누비고 다녔습니다.

그러던 중 하나님의 인도하심으로 서울 송파구 가락동의 장로교단 소속 동산교회에 심방 전도사로 부임하게 되었습니다. 당시 가락동은 가락시장과 대규모 아파트 단지가 들어서며 입주가 한창이던 때로, 시기에 맞추어 개척 교회들이 우후죽순처럼 생겨나고 있었습니다. 우리 교회는 상가 건물 2층에 자리 잡고 있었는데, 공교롭게도 같은 건물 1층에는 감리교회가, 지하에는 순복음교회가 입주하여 한 건물 안에서 서로 다른 교단의 교회들이 나란히 예배드리는 상황이 벌어졌습니다.

평일에 새 신자를 전도해서 주일 예배에 참석하시게끔 당부하고 만나기를 약속한 다음, 주일에 시간 맞춰 약속 장소에 마중 나가 보면 이미 다른 교회 관계자들이 입구에서 맞이하여 자기 교회로 모셔가는 일이 빈번했습니다. 같은 건물 안에 자리한 교회들 사이에 먼저 새 신자를 잡기 위해 경쟁하는 쟁탈전이 벌어지곤 했습니다. 그러다 보니 자연스레 주일마다 교회들 사이에 보이지 않는 긴장감이 감돌기도 했습니다.

전도사로서 복음을 전하기 시작했을 때, 저는 그저 순수한 열정으로 한 사람이라도 더 주님께 인도하고 싶다는 마음뿐이었습니다. 하지만 그 과정에서 참 안타까운 현실을 마주하게 되었습니다. 교회가 복음을 전하기보다 사람을 모으는 데만 집중하고 있다는 사실이 제 마음을 무겁게 했던 것이었습니다.

저는 모든 목회자가 영혼 구원을 위해 헌신하고 있다고 굳게 믿어 왔습니다. 그러나 현실은 달랐습니다. 적지 않은 목회자들이 교회를 돈벌이 수단으로 삼는 것을 보았고, 심지어 여성 성도와 부적절한 관계로 구설에 오르는 목회자의 이야기도 어렵지 않게 듣게 되었습니다. 적잖은 충격을 받았고 실망 또한 컸습니다. (제가 섬기던 가락동 동산교회 이야기는 아님을 분명히 밝힙니다.)

또한 길거리에서 전도하는 그룹 중에도 '예수 믿으면 천국, 믿지 않으면 지옥'이라는 복음의 본질을 전하기보다는 교회의 규모나 시설 등 복음 외적인 장점을 내세우며 자랑하는 데 힘을 쏟는 모습이 종종 보였습니다. 그러한 모습들을 보며 씁쓸한 생각이 들기도 했습니다.

"전도한 사람 수로 무슨 실적 채우기라도 하는 건가…"

그러면서 저 스스로에게도 이런 질문을 던지며 깊은 반성과 자책을 했습니다.

"나는 정말 구원의 확신이 있는가?"

"나도 혹시 삯꾼 중의 삯꾼은 아닌가?"

낮에는 전도와 심방을 하고, 저녁에는 학교에서 공부하는 생활은 생각보다 훨씬 힘들고 벅찼습니다.

시간도, 체력도 부족했고, 정신적으로 지쳐가는 날들도 많았습니다. 그래서 오랜 고민 끝에 결론을 내렸습니다.

"하나님의 종으로 제대로 쓰임 받기 위해선 말씀과 사역을 올바르게 배우고 훈련받을 수 있는 곳이 필요하다."

그리하여 주님의 인도하심을 간구하며 기도하기 시작했습니다. 그때 마침 제 사정을 잘 알고 계셨던 담임 목사님의 어머니께서 신학교 주소를 손수 적어 주시며 지원해 보라고 강권하셨습니다.

"경북 김천의 용문산 기도원에서 세운 신학교가 있어요. 주간 반만 운영하니까 저녁 시간에는 기도도 마음껏 할 수 있고, 무엇보다 졸업 후에는 단독 목회가 가능한 좋은 학교랍니다."

권사님의 말씀을 듣고 처음에는 망설임이 컸습니다. 서울을 떠나 낯선 지역에서 새로운 환경에 적응하며 학교생활까지 병행해야 한다는 생각에 쉽게 결정을 내릴 수 없었습니다.

하지만 하나님의 말씀을 제대로 공부하고 마음껏 기도할 수 있다는 기대가 생기면서 결국 추천받은 신학교에 들어가기로 결심했습니다.

저는 어려운 결단 끝에 1981년, 마흔네 살의 나이로 오순절 성결회 기드온 신학교 예과 과정에 입학했습니다. 기드온 신학교는 고등학교 졸업장이 없는 사람도 3년 예과 과정과 4년의 본과 과정을 마치면, 교회를 개척하거나, 성도가 있는 교회에 교역자로 부임할 수 있는 자격을 주었습니다.

저는 마음을 굳게 먹고 죽기 살기로 공부에 매달려 3년인 예과 과정을 2년 만에 마칠 수 있었습니다. 그 와중에 하나님의 인도하심으로 부천에 있는 장로교단 성남교회에서 2년 동안 심방 전도사로 섬기다가, 기드온 신학교 예과 과정에서 함께 공부하던 전도사님의 소개로 경북 김천시 증산면 황항교회에 정식 전도사로 부임하게 되었습니다. 정식 전도사로 임명될 수 있었던 것은 서울 가락동 동산교회에서의 1년 사역 경험과 부천 성남교회에서의 2년 사역 경험, 그리고 적지 않은 나이가 고려되어 특별히 허락된 것으로 모두 하나님의 은혜였습니다.

황항교회는 작은 시골 마을에 자리한, 성령 충만한 교회였습니다. 마을 이장님을 비롯해 대부분의 주민이 교회에 출석하고 있었고, 30명 남짓한 성도들이 함께 모여 예배드리는 가운데 여전도회와 남전도회 등 조직도 잘 갖추어져 있었습니다.

모든 성도가 새벽 예배를 빠짐없이 드릴 만큼 신앙이 깊고 열정적인 공동체였는데, 농사일이 아무리 바쁘고 힘들어도 주일 예배만큼은 반드시 지켰습니다. 모내기를 하다가도 교회 종소리가 들리면 손에 쥔 일을 멈추고 예배당으로 향하는 참으로 신실한 분들이었습니다.

또한 황항교회는 주의 종을 정성껏 섬기기로 소문난 교회였습니다. 명절 같은 경우를 들면 성도님들은 집마다 돼지를 잡아 정성껏 준비한 고기와 손수 만든 두부를 아낌없이 교회에 드리셨습니다. 그 덕분에 명절이면 교회 안에는 먹을 것이 풍성하게 넘쳐났고, 음식이 너무 많아 교회에서 다 감당하지 못할 정도였습니다. 교회는 그 음식을 성도들과 이웃들과 함께 나누며, 마을 전체가 하나 되는 기쁨을 누리곤 했습니다.

교회를 중심으로 베풀고 나누는 삶의 기쁨이 온 마을을 가득 채웠고, 서로를 가족처럼 여기며 똘똘 뭉쳐 살아가는 모습은 참으로 따뜻하고 아름다웠습니다. 그런 공동체 안에서 사역할 수 있었다는 사실은 더없는 행복이자 감사였습니다.

그렇지만 서울에서 30년을 살다가 내려온 시골 생활은 낯설고 힘든 점이 적지 않았습니다. 마을 안으로는 버스가 들어오지 않아서 가장 가까운 정류장까지 40분을 걸어가야 했습니다. 어렵사리 정류장에 도착한다 해도, 한참 동안 기다려야 버스를 탈 수 있었습니다. 그러니 외출도 마음대로 하기 어려웠습니다.

그리고 마을의 집마다 소를 키우다 보니, 마당 곳곳에 소똥이 가득 쌓여 있었는데, 장마철이면 비로 인해 소 똥물이 마당으로 흘러넘쳐 심방 가는 길에 똥물이 신발에 묻기 일쑤였습니다. 코를 찌르는 똥 냄새에 숨을 쉬기도 어려웠습니다. 그런 환경에서도 아무렇지 않게 살아가는 성도님들의 모습은 참으로 놀랍고, 한편으론 존경스럽기까지 했습니다.

게다가 마을은 사방이 겹겹이 산으로 둘러싸인 깊은 산골이라, 시야가 막혀 답답함이 느껴졌습니다. 그런 갑갑한 마음을 벗어나고 싶을 땐 고개를 들어 하늘을 바라보아야만 비로소 숨이 조금 트이는 듯했습니다. 하늘을 바라보다가 날아가는 새들을 보며 혼잣말을 중얼거리던 기억이 납니다.

황항교회 사역 당시(오른쪽 맨 위)

"너희들은 참 좋겠다. 어디든지 훨훨 날아갈 수 있으니…"

그 말은 마음 깊은 곳에 자리한 외로움과 고단함이 스며든 영혼의 깊은 한숨이었습니다.

황항교회에서 사역하는 동안 하나님의 은혜로 교회는 점차 부흥했고, 성도의 수도 늘어갔습니다. 그러나 저는 오히려 사역을 감당할 자신을 점점 잃어갔습니다. 외부와 단절된 깊은 산골에 고립된 생활의 답답함과 외로움 속에서 몸과 마음이 많이 지쳐 갔던 것이었습니다.

사역을 계속 이어가야 할지 고민하게 된 또 다른 이유는, 신학교 본과 4년 과정을 마치면 다른 교회로 부임할 자격은 갖추게 될 것이었지만, 현실은 절대 녹록지 않았기 때문입니다. 대부분의 교회가 남자 전도사를 선호했고, 여자 전도사는 스스로 교회를 개척하지 않는 이상 도심의 규모 있는 교회에 부임하는 일은 사실상 불가능에 가까웠습니다. 그러한 구조적 제약도 한몫해, 이 외진 시골 마을에서 계속 사역을 이어갈 수밖에 없을 것 같은 불안감이 점점 더 마음을 짓눌렀습니다. 그러던 중 제 처지를 곱씹으며 이런 생각이 들었습니다.

"목회만이 유일한 길은 아닐지도 몰라. 차라리 돈을 많이 벌어 헌금과 봉사로 전도에 힘을 보태는 편이 더 낫지 않을까?"

잠시 스쳤을 뿐인 생각을 따라 깊이 기도하거나 고민하지도 않은 채 사임을 결심했고, 그대로 교단에 의사를 전달했습니다.

사표는 즉시 수리되어 새로 부임할 전도사님도 빠르게 정해졌으며, 사임에 관한 행정 절차 역시 일사천리로 진행되었습니다. 모든 일이 계획대로 착착 이루어지는 것이 내심 만족스러웠습니다. 짐도 미리 정리해 두고, 그저 떠날 날만 기다리고 있었습니다. 그러나 그 모든 계획은 한순간에 무너졌습니다.

후임 전도사님과 함께 김천에 다녀오던 어느 날, 급하게 커브를 돌던 직행버스가 방향을 잃고 차도를 벗어나 도로를 걷고 있던 우리를 그대로 덮치는 큰 교통사고를 당했습니다. 삶의 흐름을 송두리째 바꾸는 사건이 아무런 예고도 없이 갑작스럽게 일어났던 것입니다.

— 그 사고는 하나님이 내 삶의 주인이심을 알면서도 하나님의 뜻을 구하지 않은 채 경솔하게 사역을 내려놓은 데서 비롯된 일이었습니다. 그 일을 통해 어떤 결정을 하든 반드시 하나님의 뜻을 구하고, 그 뜻에 순종해야 한다는 진리를 뼛속 깊이 깨닫게 되었습니다.

순식간에 튕겨 나간 우리는 아스팔트 위에 거칠게 나뒹굴었고, 몸 여기저기에서 피가 흘렀습니다. 당황한 기사는 승객들이 타고 있던 버스에 우리를 급히 태워 버스 회사 지정 병원으로 데려갔습니다. 하지만 그 병원은 시설이 열악해 기본적인 응급처치 외의 치료는 받을 수 없었기에 매우 불안했습니다.

다음 날, 천안에서 목회하시던 지인 전도사님께서 병문안을 오셨고 병원 내부를 둘러보신 뒤 깜짝 놀라 말씀하셨습니다.

"이곳에선 제대로 된 치료를 받을 수 없습니다."

전도사님은 서울에 아는 병원이 있는지 물으셨고, 제가 순천 향병원을 안다고 대답하자 곧바로 병원장님을 찾아가 설득하셨습니다.

"이 환자는 이곳에 아는 사람도 없고 간병할 사람도 없습니다. 서울에 가족이 있으니, 그곳으로 옮겨야 합니다."

병원장님은 난색을 보이며 말씀하셨습니다.

"이미 버스 회사와 보험 회사 간에 합의된 상태라 임의로 환자를 이동시킬 수 없습니다. 게다가 환자 상태가 위중해 이송은 매우 위험합니다."

사실 그 전도사님은 법에 밝은 분이셨고, 그의 오빠는 법관이기도 했습니다. 병원 측의 주장이 부당하다는 사실을 잘 알고 계셨기에, 단호하게 항의하셨습니다.

"환자 본인과 가족이 원합니다. 만일 이곳에 있다가 환자에게 문제가 생기면 병원에서 책임질 수 있습니까? 그렇다면 각서를 쓰세요."

전도사님의 단호한 대응에 병원 측은 마침내 필요한 서류를 내주었고, 결국 저는 서울 순천향병원으로 이송되었습니다.

사고로 입은 부상은 생각보다 심각했습니다.오른쪽 발뒤꿈치와 왼쪽 팔꿈치, 그리고 왼손 손가락 하나가 골절되었고 머리와 어깨에도 큰 상처를 입었습니다. 특히 버스 사이드미러에 부딪힌 왼쪽 팔은 심한 화상을 입어 결국 신경이 죽고 말았습니다.

감각이 없는 부위는 집게로 살을 파내도 아무런 느낌이 없었지만, 신경이 살아 있는 부분을 건드릴 때는 참기 힘든 고통이 밀려왔습니다. 마취하면 신경이 죽었는지 살았는지 알 수 없었기 때문에 마취 없이 살을 도려냈는데, 감각이 살아 있는 부위를 도려낼 때의 고통은 이루 말할 수 없었습니다.

부러진 팔 안쪽에는 젓가락처럼 생긴 금속 두 개를 삽입하고 철사로 고정했으며, 성형수술을 위해 허벅지 살을 떼어 깊게 팬 부위를 덮었습니다. 수술은 잘 되었지만, 상처의 흔적은 깊게 남아 여름에도 짧은 옷을 입을 수 없게 되었습니다.

의사 선생님은 제 몸 상태를 보고 앞으로는 정상적인 생활이 어려울 것 같다고 하셨지만, 하나님의 은혜로 여러 차례 수술을 받으며 서서히 회복되기 시작했습니다.

사고 직후, 버스가 저를 덮치던 순간 뜨거운 열기가 몸속으로 밀려 들어오는 느낌이 들었습니다. 그때부터 속에서 열이 끓어오르듯 치솟아 홑이불 하나만 덮고 생활했습니다.

치료 중에는 통증이 너무 심해 온몸이 뒤틀렸고, 이를 악물고 참는 사이 어금니 하나가 빠질 정도였습니다. 그렇게까지 참았던 이유는, 병원에 있는 사람들이 "저 사람은 얼마나 큰 죄를 지었길래 저런 일을 당했을까?" 하며 손가락질할지도 모른다는 염려와, 고통스러운 모습을 드러내는 것이 하나님의 영광을 가릴 수 있다는 생각 때문이었습니다. 그런 이유로 저는 스스로 교회 전도사라는 사실조차 밝히지 못하고 있었습니다.

　그런데 어느 날 병문안을 온 분들이 간호사에게 이상금 전도
사님 병실이 어디냐고 묻는 바람에 병원 사람들 모두 제가 전도
사라는 것을 알게 되었습니다. 치료를 통해 몸은 점차 회복되어
갔지만, 늘 기도하던 사람이 기도를 마음대로 하지 못하니 마음
이 많이 답답했습니다. 팔에 고정된 금속을 제거하려면 두 달은
더 입원해야 했는데, 병원 생활은 하루하루가 지루하고 막막하
게 느껴졌습니다. 병원 바깥 공기가 무척 그리웠습니다.

아픈 몸과 마음을 다시 세운 예배의 순간

그대로는 도저히 못 견디겠다는 생각이 들어, 결국 보험회사로부터 팔에 심은 금속 제거 수술과 성형 수술비를 보상받고 교통사고 후 7개월 만인 1987년 11월에 퇴원하였습니다.

퇴원 후, 길었던 고통의 시간을 되돌아보다가 문득 요나가 떠올랐습니다. 하나님의 명령을 거역하고 니느웨가 아닌 다시스로 향하다가 죽을 고비를 넘긴 뒤에야 마지못해 니느웨로 향했던 요나의 모습이 저와 많이 닮아 있다는 생각이 들었습니다.

그제야 모든 것이 제 잘못이었다는 사실을 깊이 깨달을 수 있었습니다. 하나님께 묻지도 않은 채 사명을 잊고 내 뜻대로 결정했던 죄. 그 큰 죄의 대가를 치른 뒤에도 살아 있게 하신 은혜에 그저 감사할 뿐이었습니다.

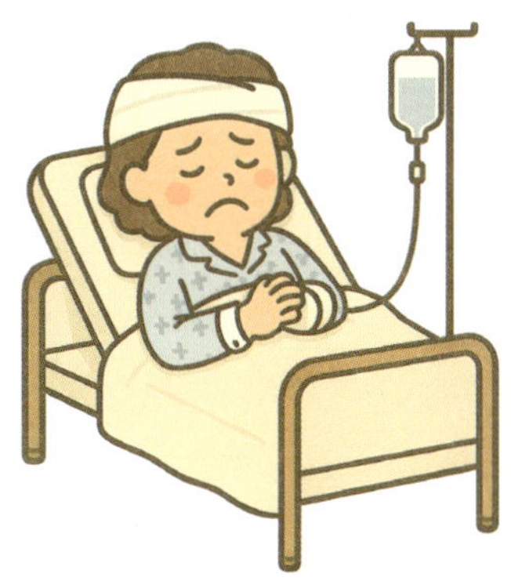

하나님이 내 삶의 주인이심을 알면서도 하나님의 뜻을 구하지 않은 채 경솔하게 사역을 내려놓은 데서 비롯된 일이었습니다.

그 일을 통해 어떤 결정을 하든 반드시 하나님의 뜻을 구하고, 그 뜻에 순종해야 한다는 진리를 뼛속 깊이 깨닫게 되었습니다.

4. 휴양 삼아 다녀오세요

하지만 소전교회에 부임하게 된 과정은 그와는 전혀 다른, 매우 특별한 경우였습니다. 교단에서는 교회에 교역자를 보낸다는 통보만 했고, 저에게는 이렇게 말씀했습니다.

"전도사님은 아직 몸이 온전히 회복되지 않았으니, 공기 좋고 물 맑은 소전교회에 휴양 삼아 다녀오세요."

생각지도 못한 갑작스러운 부임 통보에 보류를 요청하거나 거절할 틈조차 없었습니다. 하지만 그보다 더 강하게 마음을 사로잡은 생각이 있었습니다.

"이제 나는 더 이상 하나님의 명령을 거부할 수 없다."

1988년 3월 7일, 퇴원 후 한동안 회복에 전념하던 중 교단으로부터 갑작스레 소전교회 부임 통보를 받았습니다.

원래 교단에서는 교회를 향한 교역자 파송 시, 교역자가 먼저 교회에 가서 설교한 뒤 성도들의 동의를 받고 공식적으로 부임하는 절차를 밟는 것이 관례였습니다. 그러나 제가 소전교회에 부임하게 된 과정은 그와는 전혀 다른, 매우 특별한 경우였습니다. 교단은 교회에 교역자를 보낸다는 통보만 했고, 저에게는 이렇게 말했습니다.

"전도사님은 아직 몸이 온전히 회복되지 않았으니, 공기 좋고 물 맑은 소전교회에 휴양 삼아 다녀오세요."

생각지도 못한 갑작스러운 부임 통보에 보류를 요청하거나 거절할 틈조차 없었습니다. 하지만 그보다 더 강하게 마음을 사로잡은 생각이 있었습니다.

"이제 나는 더 이상 하나님의 명령을 거부할 수 없다."

버스 사고 이후, 하나님의 뜻을 거역하는 일이 얼마나 어리석었는지를 깊이 깨달았기에 팔에 고정된 금속조차 제거하지 못했고 몸도 온전히 회복되지 않았지만, 저는 하나님의 명령을 따르기로 굳게 결심했습니다. 이윽고 제가 소전교회로 부임한다는 소식을 들은 후배 전도사님이 찾아와 간곡히 만류했습니다.

"소전교회엔 절대 가지 마세요. 마을 사람들이 교회를 너무 심하게 괴롭혀서 사역하러 가셨던 분들이 오래 버티지 못하고 결국 다 그만뒀대요. 게다가 선배님은 아직 몸도 회복되지 않았고,

목회 경험도 많지 않잖아요."

그 후배는 제가 황항교회에서 사역하던 시절, 청년부에 출석하던 청년이었습니다. 당시 저의 전도를 통해 처음으로 신앙을 갖게 되었고, 이후에도 꾸준히 교회에 출석하며 신앙을 키워 온 사람이었습니다. 소전교회의 상황을 잘 알고 있었던 후배는 저의 건강과 처지를 진심으로 염려하며 조심스럽게 조언을 건넨 것이었습니다. 물론, 저 역시 소전교회로 파송된 것은 내키지 않는 일이었습니다.

하지만 이미 내 뜻대로 판단하고 결정해서는 안 된다는 것을 뼈저리게 깨달은 뒤였기에 누가 뭐라 하든 하나님의 인도하심에 순종하겠다는 마음 하나로 조용히 소전교회로 향할 준비를 했습니다.

소전교회로 향하기로 한 날이 되어, 트럭에 짐을 싣고 한 번도 가 본 적 없는 곳을 향했습니다. '가는 날이 장날'이라더니, 그날따라 부슬부슬 비가 내렸습니다. 잿빛 구름을 드리운 하늘은, 마치 제 심정과 같은 빛깔을 머금고 있었습니다.

비 내리는 대청호 주변의 굽이굽이 이어진 산골짜기 길은 한낮임에도 어두컴컴했고, 주변은 으스스할 만큼 적막하고 음산했습니다. 그런 풍경에 몸도 마음도 잔뜩 움츠러들었습니다.

부임지로 향하는 길은 비포장도로 중에서도 유난히 험난했습니다. 트럭은 널뛰기하듯 덜컥거리며 요동쳤고, 실어 놓은 짐들은 이리저리 마구 흔들렸습니다. 강원도 진부령 고개보다 더 꼬불꼬불한 산길이 끝없이 이어졌지만 아무리 달려도 마을 하나 보이지 않았습니다. 나중에 알고 보니 소전마을은 청남대로 가는 길에서 갈라진 험한 산길을 15킬로미터 이상 더 들어가야 도착할 수 있는 말 그대로 '첩첩산중'이었습니다.

꼬불꼬불한 산길을 한참 내려온 끝에야 비로소 마을이 모습을 드러냈습니다. 사방이 산으로 둘러싸인 그곳은 마치 우물 바닥처럼 깊숙이 자리 잡고 있어, 처음 마주한 풍경은 날씨처럼 음침하고 어두운 인상을 주었습니다.

마을 끝자락에 이르자 시커먼 가마솥 뚜껑을 씌운 듯한 종탑이 하나 눈에 들어왔습니다. 그제야 그곳이 교회라는 것을 알아차릴 수 있었습니다. 차에서 내려 교회 안으로 들어서니 연세 지긋한 여자 성도 한 분이 다가와 제 가방을 받아주셨습니다.

트럭 기사는 음료수 한잔 대접할 틈도 주지 않은 채, 짐만 내려놓고 인사 한마디 없이 '꼬리야, 날 살려라'라는 듯 허겁지겁 떠나버렸습니다. 가방을 받아 주신 성도님은 자기 집으로 돌아가시며 덤덤하게 말씀하셨습니다.

"관리 집사님이 읍내 나가셨는데, 내일쯤 돌아오실 거예요."

교회 문을 열고 들어서는 순간, 말문이 막혔습니다. 먼지가 내려앉은 마룻바닥, 깨진 유리창에 내려앉은 희뿌연 먼지, 구석마다 거미줄이 엉킨 채 남아 있는 모습은 오랜 시간 사람의 손길이 닿지 않았다는 사실을 단번에 보여주고 있었습니다.

그 모습 앞에서 말로 다할 수 없는 참담함이 밀려왔습니다. 교회 마룻바닥에 힘없이 주저앉아 주위를 둘러보았습니다. 너무나도 기가 막혀 마치 얼어붙은 사람처럼 그 자리에 꼼짝없이 앉아 있을 수밖에 없었습니다.

소전교회 부임 첫해

트럭이 떠나지 않았다면 짐을 다시 실어 돌아가고 싶은 마음뿐이었습니다. 그러나 이미 되돌아갈 방법은 없었습니다. 허탈한 마음에 점심조차 먹지 못한 채, 그저 멍하니 앉아 있을 수밖에 없었습니다. 정적만이 감도는 음산한 마을의 공기 속에서 흐르는 시간은 유난히 더디게 느껴졌습니다. 한참이 지나 겨우 마음을 다잡고 나서야, 비로소 교회의 모습이 하나둘 눈에 들어오기 시작했습니다. 그 모습은 참담했습니다.

창문의 유리는 대부분 깨져 있었고, 그 위를 신문지로 대충 막아놓은 흔적이 보였습니다. 창밖에는 굵은 철창이 덧대어져 있어서 마치 교도소를 연상케 했습니다.

예배당 안의 마룻바닥은 오래된 나무로 깔려 있었는데, 넓게 벌어진 틈 사이로 찬바람이 횡횡 올라와 발밑이 시릴 정도였습니다. 출입문 근처의 마루는 이미 썩어 푹 꺼져 있었고, 그 위를 디딜 때마다 마룻장이 부서져 발이 빠질까 조심스러웠습니다.

목이 말라 마실 물을 찾으려 주위를 둘러보던 순간, 교회 건물 옆에 자리한 부속 건물인 작은 사택이 눈에 들어왔습니다.

교회와 사택은 내부에서 바로 연결되어 예배당 문을 열면 곧장 사택으로 들어갈 수 있었습니다. 부엌을 지나 방으로 들어가 보니, 키가 크지도 않은 제가 손을 뻗으면 닿을 만큼 천장이 낮았습니다. 방 평수도 너무 좁아 자리에 누우면 머리와 발끝이 양쪽 벽에 닿을 정도였고, 방문 높이는 1미터 남짓하여 '꼬부랑 할머니'처럼 허리를 푹 숙여야 겨우 드나들 수 있었습니다.

부엌 아궁이에는 오래전 불을 피운 흔적이 남아 있었고, 작은 부엌 천장에는 거미줄에 그을음이 잔뜩 엉켜 금방이라도 떨어질 듯 위태롭게 매달려 있었습니다. 바닥 한쪽에 작은 석유난로 하나가 있었고, 찬장을 열어 보니 냄비 두 개가 덩그러니 놓여 있었습니다.

사택의 창문도 예사롭지 않았습니다. 유리창 바깥에는 모래와 돌을 걸러내는 철망이 총 세 겹의 철창에 덧대어져 있었습니다. 외부와 철저히 차단된 모습은 도저히 사람이 안락하게 살 수 있는 환경이라 보기 어려웠습니다.

"이런 곳에서 앞으로 어떻게 살아야 하나…"

지인들과 사택에서

부임 첫날부터 절망감이 마음을 짓눌렀습니다. 이곳에 오기 전에 후배 전도사가 말해 준 마을 사람들이 교회를 핍박하고 교역자를 힘들게 했다는 이야기가 결코 과장이 아니었음을 절실히 느꼈습니다. 교회를 둘러보다가 이런 생각이 들었습니다.

"아무리 그래도 부임 첫날이라면, 환영 인사는 없더라도 누군가 한 사람쯤은 찾아와야 하지 않나?"

하지만 이내 현실을 직시했습니다.

"하나님의 명령을 거역하고 도망치다가 결국 다시 붙들려 이런 곳까지 오게 되었구나."

그렇게 마음을 다잡던 중, 용변이 급해 화장실로 갔습니다. 화장실은 말 그대로 처참한 수준이었습니다.

땅에 묻힌 장독이 변기 노릇을 하고 있었고, 그 위에는 삐걱거리는 낡은 판자 한 장이 비뚤게 얹혀 있었습니다. 잘못 디디면 그대로 빠질 것만 같은 아슬아슬한 구조였습니다.

"여기에 앉아야 하다니!" 하는 생각에 온몸이 굳었지만, 달리 방법이 없었습니다. 마지못해 용기를 내어 조심스레 판자 위에 앉았다가, 볼일을 끝내기가 무섭게 벌떡 일어나 화장실 문을 박차고 나왔습니다. 다음에 또 들어가야 할 것을 생각하니 참담했습니다. 밖에 나와 한참을 멍하니 앉아 있다가, 짐을 받아 주셨던 집사님이 반찬 몇 가지를 가져다주셨던 게 생각났습니다. 냄비에 밥을 지어 대충 저녁을 때웠습니다.

적막한 산속, 온통 낯선 공간에서 혼자 서성거리다가 조용히 교회로 들어가 무릎을 꿇었습니다.

"여기까지 인도하신 하나님, 앞으로 어떤 일이 펼쳐질지 모르지만, 저를 지켜 주시고 보호해 주시옵소서."

솔직히 처음 마주한 환경에서 하나님께 감사하는 마음이 온전히 올라오지는 않았습니다. 마음이 복잡한 데다 몸까지 지쳐, 잠시 누워 있다가 눈을 감자마자 깊은 잠에 빠져들었습니다.

그날 밤에 꿈을 꾸었습니다.

꿈속의 장소는 다름 아닌 소전교회였습니다. 예배당의 벽마다 수도꼭지가 달려 있었고, 하나씩 조심스레 열어 보았습니다. 그러자 맑은 물이 콸콸 쏟아져 나왔습니다. 다른 수도꼭지들 역시 돌릴 때마다 맑은 물이 힘차게 흘러나왔습니다.

그 순간, 문득 아브라함과 롯이 각자의 거처를 나누던 성경 속 장면이 떠올랐습니다. 롯은 겉보기에 좋아 보이고 물도 풍부한 목축에 유리한 땅을 선택했지만, 그곳에는 하나님이 함께하시지 않았습니다.

반면 아브라함은 척박한 땅을 택했어도 하나님께서 그와 함께하셨기에 오히려 더 큰 복을 받았습니다. 그 장면이 떠오르며, 마음속에 확신이 생겼습니다.

"사람의 눈에 아무리 좋아 보이는 환경이라 해도 하나님이 함께하시지 않으면 복이 없을 것이고, 아무리 나빠 보이는 환경이라도 하나님이 함께하시면 참된 복을 얻게 될 거야."

소전교회가 비록 초라하고 환경이 열악해도, 하나님이 함께하시기만 하면 얼마든지 변화될 수 있다는 믿음이 생겼습니다. 그리고 꿈에서 열었던 모든 수도꼭지마다 맑은 물이 쏟아져 나왔던 것처럼, 하나님께서 원하시는 기도를 하면 반드시 응답하실 것이라는 확신이 마음속에 가득 차올랐습니다.

다음 날, 외출 중이셨던 교회 집사님이 돌아오시더니 저를 보자마자 미안한 얼굴로 말씀하셨습니다.

"전도사님이 오시는 날, 저희 집에 급한 일이 생겨서 마중을 못 나가 뵈었습니다. 죄송합니다."

눈치를 슬쩍 보시곤 조심스럽게 말씀을 이어가셨습니다.

"교회를 개척한 지 15년이 넘었지만, 부임하셨던 목회자들이 오래 계신 적이 거의 없었습니다. 대부분 금세 떠나셨지요. 그런 일이 반복되다 보니, 어느 시점부턴 또 금방 떠나실 것이라는 마음이 먼저 들어, 목회자에게 마음을 주거나 기대하는 일도 자연스레 멀어졌습니다. 그래서 저 역시 마음을 다하지 못한 부분이 있었던 것 같습니다. 죄송합니다."

그 말씀을 들으며 성도님들이 이전 목회자들의 잦은 이탈로 인해 저를 신뢰하지 못했던 것처럼, 저 또한 마음 한편으론 여기서 오래 머물지 못할 것이라고 이미 단정하고 있었던 것을 알게 되었습니다. 그 깨달음과 함께 서로 간에 느껴지던 거리감이 조금씩 좁혀지기 시작했습니다.

"전도사님은 15년 된 교회의 열여섯 번째 교역자입니다."

집사님의 말씀에 깜짝 놀라 물었습니다.

"어떻게 15년 동안 교역자가 열여섯 명이나 바뀔 수 있었을까요?"

집사님께서는 그 이유를 차분하게 설명해 주셨습니다.

"예전에는 우리 소전마을 사람들 모두 호숫가 건너편 어부동 교회까지 배를 타고 가서 예배를 드렸습니다.

거리가 멀기도 하고 날씨가 나쁘면 위험하기까지 했으니 얼마나 불편했겠습니까. 그러다 보니 우리 마을에도 교회가 있으면 좋겠다는 말이 사람들 사이에서 조금씩 나오기 시작했습니다. 때마침 그 무렵에 신학교를 막 졸업한 젊은 전도사님이 계신다는 소식을 듣고 그분을 모셔 왔습니다.

그렇게 교회가 시작된 것이었지요. 처음에는 교회 건물이 없어 재정 집사님 댁에서 예배를 드렸습니다. 그때는 성도님들도 많고, 주일학교 아이들도 많아서 예배 시간마다 사람들로 북적였습니다. 분위기도 활기차고 좋았습니다.

그런데 그해 성탄절에 예배를 마친 후 그 전도사님이 주일학교 아이들을 데리고 가서 다짜고짜 마을 입구에 있는 돌탑을 허물어버리는 사고를 치고 말았습니다. 그 돌탑은 400년이 넘은 우리 마을의 상징 같은 존재로, 마을 사람들에게는 신과 다름없는 대상이었습니다. 정월 대보름이 되면 돌탑 앞에 떡을 차리고 굿을 했고, 절을 올리며 복을 비는 전통도 이어져 왔습니다.

그런데 전도사님이 그런 풍습을 싹 다 무시하고 우상 숭배라면서 새벽녘에 몰래 아이들 데리고 가서 돌탑을 무너뜨린 거예요. 마을 사람들에게 아무런 말도 하지 않고 말입니다. 그러니 마을 사람들이 얼마나 화가 났겠습니까.

벌랏마을의 돌탑

조상 대대로 섬겨오던 신을 없앴다고 난리가 났죠. 전도사님 죽이겠다고 들고 일어났습니다. 생명의 위협을 느낀 전도사님은 결국 마을 사람들을 피해 도망치듯 사라지셨습니다. 그 일 이후로 마을엔 눈에 보이지는 않는 영적인 싸움이 시작되었습니다."

집사님은 소전교회가 세워지게 된 데에는 사실 더 깊은 이유가 있었다며 이야기를 이어가셨습니다.

"교회 개척 초기에, 당시 재정 집사님의 시누이가 결혼에 실패해 친정인 이 마을로 돌아왔습니다. 파혼의 아픔이 얼마나 컸겠습니까. 부모님도 그 딸이 안쓰러워 어쩔 줄 몰라 하셨습니다. 그러다가 '얘가 그렇게 믿는 예수님께 위로나 좀 받았으면 좋겠다. 그러니 이곳에 교회를 세우자.'라는 말을 했고, 그 말이 곧 소전교회가 세워지게 되는 결정적 계기가 되었습니다.

그녀의 부모는 곧바로 교회가 세워질 땅을 매입해 기반을 잡고, 신학교를 갓 졸업한 젊은 전도사님을 모셔 온 것이었습니다. 그런데 교회가 자리 잡기도 전에 그 돌탑 사건이 터진 거예요. 마을 사람들이 받은 충격이 얼마나 컸는지 모릅니다."

집사님은 조용히 덧붙이셨습니다.

"그때 그 전도사님이 너무 큰 실수를 하신 거죠…"

이야기를 들으면서 저는 마음이 무거워졌습니다. 초대 전도사님의 사역 방식으로 인해 많은 이들이 상처를 입었기 때문이기도 했고, 같은 교역자로서 그분의 선택과 신앙의 한계 앞에서 숙연해질 수밖에 없었기 때문이었습니다.

그러면서도 마음 한편에는 이런 생각이 스며들었습니다.

"우리가 도저히 이해할 수 없는 방식일지라도, 복음의 씨앗을 심기 위해 하나님은 그런 사건을 허락하신 것은 아닐까?"

집사님의 이야기는 거기서 끝이 아니었습니다.

"돌탑을 무너뜨린 그 일 이후, 마을 사람들의 분노는 재정 집사님의 시누이에게로 향했습니다. 급기야 사람들이 그녀를 어떤 집 방으로 끌고 가 몰아세우며 소리쳤습니다.

'너 때문에 이런 일이 벌어졌다! 네가 전도사 불러와서 우리 신을 노하게 했으니, 이 마을은 망할 거야. 책임져라!'

분위기가 점점 험악해지더니 청년들까지 합류해 방 안을 가득 메우고 앉아서는 번갈아 가며 구타하기 시작했고, 심지어 화롯불에 인두를 시뻘겋게 달구고는 이렇게 협박했습니다.

'주여, 주여, 하는 네 입에서 다시는 그런 말 못 나오게 입을 지져버리겠다!'

그 순간 그녀가 본능적으로 살기 위해 두 손을 번쩍 들면서 '주여!'라고 크게 외쳤습니다. 그 외침으로 방 안에 정적이 흐르고, 놀란 청년이 들고 있던 인두를 뚝 떨어뜨렸는데, 그 찰나에 그녀의 사촌 오빠가 벌떡 일어나서 소리쳤습니다.

'이제부터 내 동생한테 손대는 사람은 다 죽여버릴 거야!'

그 말에 마을 사람들과 몸싸움이 벌어졌고, 분위기가 점점 더 격해졌죠. 결국 힘에 부친 그녀의 사촌 오빠가 무릎 꿇고 마을 사람들에게 사정했습니다.

'우리 동생이 예수에 미쳐서 그런 거다. 돌탑은 우리가 다시 쌓겠다. 제발 이쯤에서 멈추자.'

그러고는 막걸리 한 통을 사다가 마을 사람들에게 대접하여 겨우 사태가 진정됐습니다. 그러나 그 후에도 마을 사람들의 분노는 쉽게 식지 않아 그 여파는 교회와 성도님들에게까지 미쳤습니다. 이따금 우리 집에도 몰려와 문을 부수고 창살을 끊는 등 폭력과 기물 파손을 일삼기도 했습니다."

집사님은 말없이 창밖을 잠시 바라보시다가, 조용히 말씀하셨습니다.

"저희 집에 한 번 와 보시면, 그때 상황이 얼마나 심각했는지 금방 아실 수 있을 겁니다…"

집사님은 한숨을 한번 내쉬더니 말씀을 이었습니다.

"그 한바탕의 소동이 지나간 뒤였어요. 1971년, 김○○ 전도사님이 소전교회에 부임하셨고, 그해 4월에 기공 예배를 드린 후 지금 교회가 서 있는 바로 이곳에 건평 20평짜리 예배당을 짓기 시작하였습니다.

교회를 세우겠다고 아이들부터 어른들까지 모두 힘을 모았습니다. 가까운 대청호에서 흙을 퍼다가 벽돌을 직접 찍어냈습니다. 만든 벽돌을 머리에 이고, 지게에 실어 옮겨서 벽을 하나하나 쌓아 올렸습니다. 그런데 다음 날 아침이면 공들여 쌓은 벽돌이 누군가에 의해 모조리 무너져 있었습니다.

　한두 번 그런 게 아니라, 며칠이고 반복됐습니다. 하지만 집요한 훼방과 고난 속에서도 교인들은 포기하지 않았습니다. 그렇게 몇 해에 걸쳐 공사를 진행해 지금의 교회가 세워진 겁니다.

　사실, 이 교회는 마을 안에서 오랫동안 따돌림받고 조롱받으며 세워진 교회입니다. 교회가 세워질 무렵, 마을 청년들과 아이들 가운데 교회에 다니지 않던 이들이 예배당을 향해 돌을 던지곤 했습니다. 돌 맞는 소리에 밤잠을 설친 날이 한두 번이 아니었습니다. 창문 유리가 깨지는 걸 막으려고 모래를 거를 때 쓰는 철망을 세 겹이나 덧댔지만 그것도 소용없었습니다.

　교회가 마을 우물 위에 세워졌다는 이유로, '교회 때문에 마을이 망한다'라는 말까지 나왔어요. 심지어 교회를 헐어야 한다고 주장하는 사람들도 있었고요. 그런 일들이 계속 이어지다 보니, 부임해 오신 교역자 중에 오래 버티는 분이 없었습니다. 겁을 먹거나, 질려서 떠나셨습니다."

　집사님은 다시 한번 한숨을 내쉬며 말씀을 이어갔습니다.

　"마을 사람들의 괴롭힘 외에, 내부적으로는 교회 사택 또한 너무 좁고 시설이 열악해서 어떤 목회자도 오래 머무르기 어려웠습니다. 한 번은 신혼부부 목회자가 부임한 적이 있었는데 사모님이 시집올 때 가져온 장롱을 사택에 들이지 못해서 어쩔 수 없이 예배당 한쪽에 세워 두어야 했습니다. 사택의 비좁고 열악한 현실이 그대로 드러난 일이었지요.

결국 그분들은 겨우 한 달 만에 교회를 떠나고 말았습니다. 그렇게 소전교회에 부임한 주의 종들이 오래 버티지 못하고 떠나는 일이 반복되자, 성도님들 사이에는 '이번에도 오래 계시지 못하겠지'라는 마음이 자리 잡게 되었습니다.

자연히 새로운 목회자에게 기대를 걸거나 관심을 두는 일도 점차 사라졌습니다. 목회자가 떠날 때마다 성도들의 마음에는 깊은 상처가 남았고, 그 여파로 믿음도 제대로 자라지 못했습니다. 결국 성도들은 서로를 위로하며 힘겹게 신앙생활을 이어갈 수밖에 없었습니다."

부임 초기 강단에 선 모습

집사님의 말씀을 듣는 동안 저도 모르게 하염없이 눈물을 흘렸습니다. 처음에는 이런 곳에 오게 된 내 처지가 안타까워서 울었지만, 집사님의 말씀을 들으면 들을수록 소전마을의 영혼들이 점점 불쌍하게 느껴지면서 그들의 잃어버린 믿음과 고통이 너무도 안타까워 눈물이 났습니다.

성도님들이 예배도 드리지 못하고 온전히 믿음 생활을 하지 못하게 된 이유가 단순히 불신자들의 핍박 때문만은 아니라는 생각이 들었습니다. 이곳을 거쳐 갔던 주의 종들 역시 그 책임을 벗어날 수 없다는 생각과 함께 요나처럼 도망치던 저를 붙잡아 우물처럼 깊이 파인 이 마을로 보내신 하나님의 뜻이 깨달아지면서 마음이 무너졌습니다. 거름더미 같은 저를 구원해 주신 하나님께 진심으로 고백했습니다.

"하나님, 이곳에서 주님을 모르는 영혼들이 구원받을 수 있도록 제게 맡기신 사명을 감당하겠습니다. 저는 비록 부족하고 연약하지만, 생명의 주인이신 하나님 아버지께서 능력을 주실 것을 믿고 최선을 다하겠습니다."

소전교회
소전

"이런 곳에서 앞으로 어떻게 살아야 하나…"

5. 변화를 주기 시작했습니다

여자 혼자 어떻게 이런 일을 다 해내셨냐며 대단하다는 눈빛으로 바라보았습니다. 그 후 마을 사람들도 교회처럼 각자의 집에 수도를 놓고 입식 부엌을 들이며 하나둘 변화를 주기 시작했습니다.

소전교회의 아픈 사연을 들으며, 주어진 사명을 감당하겠다는 의지가 불타올랐습니다. 하지만 교통사고 후유증과 오랜 병원 생활로 지친 몸과 마음은 며칠이 지나도록 사역의 방향을 잡지 못한 채 헤맸습니다. 결국 제가 붙들 수 있는 것은 기도뿐이었습니다. 기도하던 중 마음속에 이런 생각이 일었습니다.

"그래도 전도사로 이곳에 온 이상, 무언가 해야 하지 않겠는가. 욕을 먹고 멸시를 당하더라도 전도해야 한다."

그렇게 다짐하고 다시 전도를 시작했습니다.

그런데, 마을 사람들이 교회 집사님들의 집을 찾아가서 전도사가 다시는 자기 집에 오지 못하게 해달라며 거세게 항의하는 바람에, 집사님들께서 난처한 표정으로 제게 말씀하셨습니다.

"전도사님, 전도는 하지 마시고 교회에 출석하는 분들이나 잘 양육해 주세요."

"전도사더러 전도하지 말라니, 세상에 이런 경우도 다 있나." 싶었지만 포기할 수는 없었습니다. 다시 마을로 나가 전도했더니, 이번에는 사람들의 조롱과 비아냥이 쏟아졌습니다.

"교회 나가면 밥이 나오냐, 떡이 나오냐?"

"예수 믿는 사람들, 복 받는다고 하더니 오히려 더 가난하고, 나쁜 짓도 더 많이 하더라."

그 밖에도 온갖 험한 말들로 전도의 길을 가로막았습니다.

소전교회는 개척 초기부터 이런 어려움을 줄곧 겪어왔는데,

그 중심엔 마을에 깊게 뿌리내린 무속 신앙이 있었습니다. 무당과 그 자녀들은 마을 사람들에게 늘 이렇게 말하고 다녔습니다.

"교회에 나가면 하던 일도 안 되고, 소원하는 일도 절대로 이루어지지 않는다."

그 말들이 사람들의 마음에 깊이 새겨져 혹시라도 교회에 나가면 자녀가 병들거나 화를 입을까 두려워하며 목회자와 교인들과는 대화조차 피하는 이들이 많았습니다.

그에 그치지 않고 무당들은 교회에 나가지 말아야 전도사가 떠난다고 말하며 노골적으로 교역자를 내쫓으려 했습니다. 그런 상황 속에서 전도한다는 것은 말 그대로 영적 전쟁이었습니다. 집사님들이 전도하지 말라고 했던 말씀도 이해가 되었습니다.

"내가 집사님들을 힘들게 했구나…"

이런 생각에 미안한 마음도 들었습니다. 많은 생각 끝에 결심했습니다.

"마을 사람들의 마음에 상처를 주지 않고, 신뢰를 얻을 때까지는 오직 하나님께 맡기며 기도에 전념하리라."

그 후로는 전도를 멈추고 전능하신 하나님 앞에 무릎 꿇고 가슴을 치며 눈물로 이렇게 기도했습니다.

"만물을 주관하시고 생사화복을 주장하시는 하나님께서 이 마을에서 거짓된 하나님으로 조롱받고 있는 현실이 너무나도 가슴 아픕니다."

전도를 멈추고 오직 기도만 하던 어느 날 문득 지난 15년 동안 마을 사람들이 훼손한 교회를 더는 방치할 수 없다는 생각에 교회를 수리해야겠다는 마음이 일어났습니다.

가장 먼저 창문을 고치기로 하고 일을 시작했습니다. 도움을 청할 사람도 없었고, 인부를 고용할 형편도 되지 않았습니다. 그래서 혼자 해야 했습니다.

하지만 교통사고 후유증으로 왼팔에 힘이 없어, 녹슨 못 하나 빼는 일조차 버거웠습니다.

며칠 동안 안간힘을 쓰며 철망을 뜯어내고 유리창에 붙은 신문지를 하나하나 떼어냈습니다. 창틀까지 모두 제거한 뒤에는 청주까지 나가 유리와 졸대를 구매해서 난생처음 창문 수리를 했습니다. 비록 서툴긴 했지만, 수리하는 과정마다 하나님께서 지혜를 주신다는 믿음으로 매달렸습니다.

그 무렵 인근 청남대 특공대원들이 마을회관에서 봉사활동을 하고 있었습니다. 저는 마을을 위해 애쓰는 그들에게 작게나마 대접했습니다. 얼마 후 특공대 중령님께서 교회를 찾아왔습니다. 저는 허름한 작업복 차림으로 창문을 고치고 있었습니다.

"전도사님 계십니까?"

"제가 전도사입니다."

중령님은 환하게 웃으며 말씀하셨습니다.

"저도 예수님을 믿습니다. 이런 산골에서 수고가 참 많으십니다."

그러면서 헌금을 내미셨습니다. 그 마음이 고맙고 감격스러워 정중히 받았습니다. 한편으로는 남루한 제 모습이 안쓰럽게 비쳤던 건 아닐까 하는 생각도 들었으나, 동시에 하나님께서 제 수고를 절대 외면하지 않으신다는 위로와 확신이 마음에 스며들었습니다.

창문 수리를 마친 뒤 벽을 살펴보니, 여기저기 벽돌이 쭉쭉 갈라져 있었고 손가락으로 누르면 푹푹 들어갈 정도였습니다. 15년 동안 제대로 관리되지 않은 데다, 마을 청년들이 던진 돌로 인한 파손 흔적이 그대로 남아 있었습니다.

교회가 늘 정결하도록 애쓴 손길

이대로 두었다가는 교회 건물이 무너질지도 모른다는 생각이 들었습니다. 제힘만으로는 근본적인 보수를 할 수 없었지만, 겉모습만큼은 다시 단장해야겠다는 생각으로 먼저 페인트칠을 하기로 했습니다. 전문 업체에 견적을 의뢰했더니 출장 거리가 멀다며 20만 원을 불렀습니다.

하지만 당시 제 한 달 사례비가 5만 원에 불과했기에 사람을 쓰는 것은 애초에 불가능했습니다. 그래서 청주의 한 페인트 가게에서 작업 방법을 배우고, 필요한 도구를 사 와 혼자 칠하기 시작했습니다. 처음 해보는 일이었고 이 역시 돕는 이 하나 없이 시작했지만, 하나님께서 지혜를 주실 것이라는 믿음을 가지고 임하니 용기도 생기고, 일하는 요령도 하나둘 늘어갔습니다.

페인트칠을 마친 뒤, 사택 수리에 나섰습니다. 그중에서도 가장 시급한 것은 입식 부엌을 마련하는 일이었습니다. 그래서 필요한 목재를 구하기 위해 대전 오정동으로 갔는데 그날은 원하는 것을 찾지 못했습니다. 다음 날 길을 나서기 전 이렇게 기도했습니다.

"하나님, 오늘은 헛걸음하지 않게 해 주세요. 제가 내리는 곳에서 필요한 나무를 구할 수 있게 해 주세요."

이렇게 기도하고 버스에 올라 전날과 같은 정류장에서 내렸는데 참 신기하게도 바로 길 건너편 가게에 찾던 목재가 쌓여 있는 것이 보였습니다.

가게에 들어가 이야기를 나누던 중 사장님이 물었습니다.

“몇 평짜리 부엌을 지으실 건가요?”

정확한 넓이를 몰라 땅바닥에 선을 그리며 대답했습니다.

“이만큼 지으려고 합니다.”

사장님은 껄껄 웃으며,

“정말 아줌마 혼자 부엌을 짓는다고요?”

하고 안쓰럽게 바라보았습니다.

“제가 먼 곳에서 왔으니, 목재가 모자라서 다시 오는 일 없게 넉넉히 주세요.”

제가 가져간 돈은 10만 원이었는데, 사장님은 오래된 목재이니 싸게 드린다며 목재비 8만 원과 배송비 2만 원만 받으셨습니다. 마치 제가 들고 온 돈의 액수를 알고 있었듯이 말이죠.

입식 부엌을 짓기 위해서는 목재뿐 아니라 벽돌도 필요했습니다. 하지만 무엇보다도 좁은 공간을 어떻게 배치할지에 대한 설계도가 먼저 필요했습니다.

아무리 고민해도 균형 잡히고 보기 좋은 구조가 도무지 떠오르지 않았습니다. 며칠 동안 부엌 구조를 놓고 머리를 싸매 고민하며 하나님께 지혜를 구하자 마침내 설계도가 머릿속에 그려졌습니다. 생각나는 대로 종이에 옮겨 설계도를 그리고 벽돌을 쌓기 시작했습니다.

하지만 경험이 전혀 없다 보니 처음에는 어디서부터 어떻게 손을 대야 할지 몰라 서툴기만 했습니다. 그러다 문득 마을 이장님 집 담벼락이 떠올랐습니다.

그집 담벼락 구조를 머릿속에 그려본 뒤 그대로 따라 쌓아 올리기 시작했습니다. 아래쪽은 그럭저럭 쌓아 올릴 수 있었지만, 왼팔 부상 때문에 위쪽은 한계가 있었습니다. 결국 마을의 한 아저씨에게 도움을 청해 함께 마무리할 수 있었고, 작지만 튼튼한 입식 부엌을 완성할 수 있었습니다.

그다음으로는 생활 환경을 개선하는 데 힘썼습니다.

서울에서 전기 일을 하던 조카들에게 부탁해 자동 펌프를 설치하며 수도시설을 갖췄고, 오래된 아궁이도 치우고 연탄보일러를 놓았습니다.

그전까지는 우물에서 물을 길어 마시고 산에서 나무를 해다가 불을 지펴 밥을 짓고 난방하였습니다. 하지만 보일러를 놓은 후에는 버튼 하나만 누르면 따뜻한 물이 나오고 난방도 가능해졌습니다. 참으로 하나님의 은혜가 아닐 수 없었습니다. 달라진 생활 환경에 대한 소문을 들은 마을 사람들이 직접 교회를 둘러보았습니다.

고향을 떠나 외지에서 살던 자녀들도 부모님 댁을 찾아왔다가 교회 부엌을 보고는 감탄했습니다. 여자 혼자 어떻게 이런 일을 다 해내셨냐며 대단하다는 눈빛으로 바라보았습니다. 그 후 마을 사람들도 교회처럼 각자의 집에 수도를 놓고 입식 부엌을 들이며 하나둘 변화를 주기 시작했습니다.

이어서 교회 주변 환경도 정비했습니다.

교회 건물 옆은 습기가 매우 심했습니다. 곰팡이가 피고 냄새도 많이 났습니다. 그래서 교회 주변과 마당을 시멘트로 포장했습니다. 비만 오면 온 마을이 진흙탕이 되어 걷기조차 힘들었었는데, 교회 마당이 깨끗이 정리되어 비 오는 날에도 편히 걸을 수 있었습니다.

그 모습을 본 마을 사람들도 자신들 집 마당을 시멘트로 포장하기 시작했습니다. 그리하여 마을 전체가 마치 새마을운동을 할 때처럼 정비되고 변화해 갔습니다.

그런 와중에도 교회를 향한 마을 사람들의 차가운 시선은 여전했습니다. 마을 사람 중 누구라도 저와 잠시라도 말을 나누기라도 하면 따가운 눈초리를 받게 되었고, 그 때문에 사람들은 저와 대화하는 것 자체를 점점 꺼리기 시작했습니다.

예전에는 교회가 더럽다고 욕하더니, 시설을 깨끗하게 개선한 뒤에는 오히려 잘난 척한다며 시기 섞인 조롱을 퍼부었습니다.

그 상황을 겪으며 사람을 향한 목회를 하게 되면 언젠가 큰 낭패를 겪게 되리라는 것을 다시금 깨달았습니다.

묵상 가운데 하나님께서 이렇게 말씀하시는 듯했습니다.

"세상이나 사람을 의지하지 말고, 오직 나 여호와만 믿고 바라보아라."

그뿐 아니라, 하나님께서는 사람은 끝까지 이해하고 용서하며 사랑해야 할 존재라는 것도 가르쳐 주셨습니다. 그 말씀에 순종하려 애쓰며, 미약하나마 삶으로 실천하고자 했습니다.

하지만 그런 다짐을 할 때마다 이상하리만치 꼭 다짐했던 마음을 흔드는 일이 생기곤 했습니다. 시골에서는 예배 시간이 되면, 일터에 나가 있는 이들을 위해 교회 종을 울리는 것이 일반적인 일이었습니다. 하지만 이곳에서는 그조차도 쉽게 허용되지 않았습니다. 특히 새벽 예배 종은 무조건 금지되었습니다. 마을 사람들은 무당의 선동에 따라 시끄러워 잠을 잘 수 없다는 이유를 들어 교회 종 치는 것을 거세게 반대했습니다.

그나마 주일에는 종을 치는 것이 허락되었지만 겨우 몇 번만 칠 수 있었습니다. 집사님들은 이렇게 말씀하셨습니다.

"전도사님, 어차피 교회 나오는 사람은 종소리 안 들어도 나올 테니 그냥 교회 종 치지 마세요."

저는 마을 사람들에게 쫓겨날까 두려워서가 아니라 그들을 자극하지 않기 위해 종 대신 조용히 기도드리는 것으로 예배를 준비했습니다. 그럴 때면 같은 마을에 살면서도 이토록 마음의 거리가 멀 수 있다는 사실에 가슴이 시렸습니다.

제가 소전교회에 처음 부임했을 때만 해도 어린아이들이 많았습니다. 농번기에는 부모들이 바빴기 때문에 교회에서 유치원처럼 아이들을 돌보기도 했습니다. 그때 유치원 아이만 여덟 명이었고, 부수적인 효과로 주일학교 학생도 점점 늘어나 교회 안에는 활기가 넘쳤습니다. 그런데도 마을 사람들의 교회에 대한 거부감과 핍박은 여전했습니다.

농번기가 끝나갈 무렵, 한 아이가 물었습니다.

"전도사님, 조금 있으면 우리 교회 못 오는 거예요?"

"왜 그러니?"

"농사일이 끝나면 전도사님도 떠나실 테니까요…"

그 말을 듣는 순간 가슴이 턱 막히는 것 같았습니다.

그동안 목회자들이 이곳에 오래 머무르지 못하고 떠나는 모습을 지켜본 탓에 아이들은 저 역시 언젠가는 떠날 사람이라고 생각하고 있었던 것이었습니다.

동네 아이들을 돌보던 때

그날 밤 저는 하나님 앞에 무릎을 꿇고 아이들의 믿음 하나라도 흩어지지 않게 해 달라고 간절히 기도하며 결단했습니다.

"하나님, 저 순진한 아이들에게 또 한 번 실망과 상처를 주지 않게 해 주세요. 이 길을 끝까지 걸을 수 있도록 은혜를 베풀어 주세요."

교회에 부임한 지 3년째 되던 해 운전면허를 취득하고 경차를 마련했습니다. 이동 수단이 생기자, 외지로도 자유롭게 나갈 수 있게 되어 청주시에 있는 전도 단체의 훈련 과정에 참여했습니다. 그 과정의 하나로 청주 중앙공원에서 노방 전도를 하며 열심히 복음을 전했습니다.

하지만 그것도 잠시. 곧 유류 파동으로 기름값이 크게 오르면서 청주로 오가는 왕복 비용이 큰 부담이 되어, 결국 3년 만에 전도 활동은 접어야 했습니다.

교회 차량은 비록 작은 경차였지만 당시 마을에서 유일한 자가용이었습니다. 급한 환자가 생기면 병원에 모셔다드리고 장날이면 시장까지 태워 드리기도 했습니다. 처음에는 전도를 위한 수단으로 마련한 차였지만 결과적으로는 마을 사람들을 섬기고 신뢰를 쌓는 데 더 큰 역할을 하게 되었습니다.

저는 이 산골 마을에서 봉사자이자 섬김의 사람으로 살고자 애썼습니다.

그러던 어느 날, 마을 사람 한 분이 찾아와 말씀하셨습니다.

"전도사님, 우리 집에서 같이 점심 드시죠."

그분은 서울에서 며느리가 올 때마다, 우물에서 물을 길어야 하는 며느리가 늘 안쓰러웠다고 말씀하셨습니다. 전도사님이 수도를 설치하시는 걸 본 뒤 자기 집에도 수도를 놓게 되었고, 그 덕분에 생활이 훨씬 편리해졌다고 하셨습니다. 그 고마움을 전하고 싶어 음식을 대접하고 싶다고 하셨습니다.

그저 제 필요 때문에 수도를 놓았을 뿐인데 그렇게까지 감사의 마음을 전해 주시니 정말 큰 위로가 되었습니다.

무엇보다도 그 일은 이 마을에 온 이후로는 처음으로 받은 따뜻한 대접이었기에 제 마음을 깊이 울렸고, 오랫동안 잊혀지지 않는 감사한 기억으로 남았습니다.

하나님은 불의하지 아니하사 너희 행위와 그의 이름을 위하여 나타낸 사랑으로 이미 성도를 섬긴 것과 이제도 섬기고 있는 것을 잊지 아니하시느니라.

(히브리서 6:10, 개역개정)

6. 이곳을 떠나지 말라

당시엔 솔직히 이곳에서의 목회가 너무 힘겨워 지쳐 있던 터라 다른 교회로 가볼까 하는 마음이 생겨 흔들리기도 했습니다. 그래서 하나님의 뜻을 구하며 기도했습니다. 그런데 이상하게도 소전교회를 떠나고 싶다는 마음이 앞설 때는 기도가 잘되지 않았습니다. 반대로 이곳에 남겠다고 결심할 때는 기도가 술술 나오고 마음도 평안해졌습니다.

그런 흐름 속에서 하나님의 뜻이 이곳을 떠나지 말라고 하시는 것임을 깨달았습니다. 그래서 순종할 수밖에 없었습니다.

소전교회로 들어오는 길목에 있는 소전1리에 젊은 부부가 있었습니다. 그 부부를 전도하면서 그들의 안타까운 사연을 알게 되었습니다.

그들을 전도하기 얼마 전에 부부는 아기를 낳았었는데, 아기는 '선천성골형성이상'이라는 질환을 안고 세상에 나왔습니다. 뼈가 비정상적으로 약해 몸에 힘이 거의 없었고, 마치 뼈대가 없는 듯 축 늘어져 있어, 부모는 귀하게 얻은 아기를 제대로 안아보지도 못했습니다. 안타깝게도 아기는 태어난 지 얼마 지나지 않아 부모의 품을 떠나고 말았습니다.

의사는 부모의 염색체에 이상이 있어 장애가 있는 아이를 출산한 것이니, 앞으로도 그럴 가능성이 있으므로 아이를 갖지 않는 것이 좋겠다고 조심스럽게 충고했다고 했습니다.

그 시절엔 지금보다 유교 사상이 훨씬 더 깊이 자리 잡고 있엇기에, 아들을 낳아 가문의 대를 잇는 것이 매우 중요한 일이었습니다. 그래서 집안 어른들은 큰 충격을 받아 깊은 낙심에 빠졌고 그런 분위기 속에서 아이의 아버지는 대를 잇지 못하게 되었다는 부담감과 절망감에 사로잡혀 두 차례나 스스로 생을 마감하려 했습니다. 그러나 다행히도 모두 미수에 그쳤습니다.

부부는 교회에 꾸준히 나오며 믿음을 키워갔습니다.

그로부터 1년쯤 지난 어느 날, 그들은 다시 아이를 갖게 되었습니다. 그 사실을 알게 된 저와 성도님들은 전능하신 하나님께서 반드시 건강한 생명을 주실 것이라 믿으며 마음을 모아 눈물로 기도했습니다. 주변 교회와 동역자들에게도 기도를 부탁드렸습니다. 하나님께서는 그 기도에 응답해 주셨습니다.

의사의 말대로라면 그 부부는 유전의 영향으로 또다시 뼈가 약한 아이를 낳을 수밖에 없었습니다. 그런데 태어난 아기는 뼈 하나하나 모두 정상이었고 제가 지금까지 본 아이들 가운데서도 유난히 잘생기고 건강했습니다. 하나님께서 내리신 기적이 아닐 수 없었습니다.

1년 뒤 부부는 아이를 또 얻었는데, 둘째 아이 역시 아무 문제 없이 건강하고 준수했습니다. 부부는 안도하며 모든 것이 하나님의 은혜라고 감사드렸습니다. 두 사람의 모습을 지켜보던 저 역시 감격의 눈물을 지었습니다. 그 놀라운 일을 본 마을 사람들도 감탄하며 말했습니다.

"정말 하나님이 있는가 보다."

그럼에도 불구하고 그들의 마음은 쉽게 열리지 않아 예수를 믿으려 하지 않았습니다. 그래도 저는 낙심하지 않았습니다. 하나님께서 반드시 이 마을 사람들의 마음을 움직여 주시고 때가 되면 모두 구원해 주실 것을 믿으며 기도하고 기다렸습니다.

소전교회의 지붕은 양철로 되어 있었는데, 여기저기 파손된 곳이 많았습니다. 비가 오는 날이면 교회 안으로 빗물이 줄줄 스며들어 반드시 수리가 필요했지만, 교회에는 여유 자금이 없었습니다. 그래서 하나님께 구할 수밖에 없었습니다.

기도원에 올라가 간절히 기도하던 어느 날 서울에서 한 여집사님으로부터 전화가 걸려 왔습니다.

"전도사님, 소전교회에 헌금을 보내고 싶어요."

"어떻게 우리 교회를 아시나요?"

"제가 아는 목사님께서 알려주셨습니다."

사실 교회 지붕 수리에 관한 이야기는 누구에게도 하지 않았습니다. 교회 성도님들에게조차 알리지 않았던 이유는 성도님들 역시 형편이 몹시 어려웠기 때문에 괜한 걱정을 안겨 드릴까 염려되었던 것이었습니다.

실제로 성도님들의 생활은 넉넉하지 않았습니다. 쌀농사를 해오던 논이 대청댐 건설 부지로 편입되면서 모두 사라져 농촌이면서도 쌀을 사서 먹어야 했습니다. 그나마 밭이 있긴 했지만, 산비탈에 형성되어 있어서 연세 많으신 성도님들이 밭일을 감당하기란 여간 어려운 일이 아니었습니다. 그래서 저는 지인들이나 교단에서 보내온 선물을 받을 때마다 그것을 성도님들과 함께 나누어 드리곤 했습니다. 그럴 때면 성도님들은 멋쩍은 듯 웃으며 이렇게 말씀하시곤 했습니다.

"우리 소전교회는 섬기는 순서가 거꾸로 되었네요."

그 말에 저도 미소 지었습니다. 그만큼 모두가 형편이 어려워 서로 돕지 않으면 안 되는 때였습니다. 그래서 저는 섬김이란, 직분에 상관없이 그리스도인이라면 누구나 감당해야 할 삶의 자세임을 늘 성도님들에게 말씀드렸습니다.

　그런 형편 속 제 근심을 아신 하나님은 전혀 알지 못하던 서울의 한 여집사님을 통해 30만 원을 보내주셨습니다. 전화를 주신 그 여집사님은 하나님 앞에 약속한 선교 헌금을 보낼 곳을 찾다가 제 지인 목사님의 소개로 연락을 주셔서 헌금하시게 되었다고 했습니다. 놀랍게도 수리에 들어간 비용은 30만 원으로 모자라지도, 넘치지도 않았습니다. 그 일을 통해 깊이 체험했습니다.

　"하나님은 내 모든 사정을 낱낱이 다 아시고 기도할 때 응답하시는 분이시구나."

　전능하신 하나님을 온전히 믿기만 하면 그분은 반드시 응답하시니 필요한 것은 오직 순수하고 진실한 믿음뿐이라는 것을 자주 체험하며 궁핍하지 않은 나그넷길을 걸어왔습니다.

믿음이 없이는 하나님을 기쁘시게 할 수 없나니 하나님께 나아가는 자는 그가 살아 계신 것과 자기를 찾는 자들에게 상 주시는 이심을 믿어야 할지니라.　　　　(히브리서 11장 6절, 개역개정)

　젊은 시절 한창 사업을 하던 때 제게 돈을 빌려 간 친구가 있었습니다. 그 친구는 돈을 갚지 못한 채 10년 넘게 소식 없이 지냈습니다. 세월이 흐르고 이런저런 사건을 겪다 보니, 빌려준 돈에 관한 생각을 까맣게 잊고 지냈습니다. 그런데 어느 날 뜻밖에도 그 친구가 그동안 갚지 못했던 돈을 보내왔습니다. 하나님께서 그 친구의 마음을 움직여 주신 것 같았습니다.

예기치 않게 손에 들어온 그 돈을 아무렇게나 사용할 수는 없어서 어떻게 써야 할지 고민하던 끝에 이런 마음이 들었습니다.

"하나님께서 주신 이 귀한 돈으로 좀 더 큰 차를 사서 마을 사람들에게 더 많이 봉사해야겠다."

경차는 혼자 타기에는 부족함이 없었으나 여럿이 함께 타기에는 너무 좁아 지병이 있는 어르신이나 오일장에 가시는 분들을 태워 드리기에는 불편했습니다. 그래서 차를 바꾼 뒤에는 마을 어르신들을 더욱 쾌적하게 모실 수 있었습니다. 그러나 그로부터 오래지 않아 마을 이장님께서 조심스럽게 말씀하셨습니다.

"전도사님이 마을 사람들을 교회 차에 태우고 다니시는 걸 좋지 않게 보는 이들이 있습니다."

그저 마을 사람들에게 사랑으로 다가가고 섬기며 전도의 씨앗을 심으려 했던 마음이 오해와 비난에 가로막히자 속상하고 안타깝기 그지없었습니다.

어느 날, 교회에 손님 한 분이 찾아오셨습니다. 일정을 마치고 그분을 배웅하러 밖으로 나가 보니 손님이 타고 오신 차량의 양쪽 타이어가 펑크가 나 있었고 차체도 날카로운 것으로 긁혀 심하게 훼손되어 있었습니다. 수소문해 범인을 찾아보니 마을에 사는 형제 아이 둘이 저지른 일이었습니다. 아이들의 부모가 찾아와 잘못을 인정하고 거듭 사과하며 수리비를 변상하겠다고 했습니다.

그 자리에서 아이들을 꾸짖지 않았고, 부모에게도 다시는 이런 일이 없도록 살펴 달라며 부드럽게 타일렀습니다. 차 수리에 들어간 비용도 받지 않았습니다.

사실 마음 깊은 곳에서는 화가 나서 쉽게 용서하기 어려웠지만, 주님께서 주신 말씀을 붙들고 이해와 용서의 마음으로 대할 수 있었습니다. 그러자 놀라운 일이 일어났습니다.

그 후로 그 아이들과 아버지가 교회에 나오게 되었습니다. 그렇게 애써도 열리지 않던 전도가 전혀 다른 길을 통해 이루어진 것이니, 참으로 놀랍고 감사했습니다. 그 일을 통해 하나님의 계획은 언제나 우리의 생각과는 다르다는 사실을 다시금 깊이 깨닫게 되었습니다.

또 하나의 일이 생각납니다. 노현침례교회에 출석하던 한 안수집사님이 소를 사기 위해 우리 마을에 자주 들르곤 하셨습니다. 어느 날은 교회에 들르셨다가 바닥 틈으로 바람이 스며드는 모습을 보시고는 안쓰럽다며 걱정스러운 마음을 비치셨습니다. 얼마 지나지 않아 그 집사님은 직접 교회와 사택에 기름보일러를 설치해 주셨습니다.

그전까지는 연탄보일러를 사용해야 해서 매캐한 연탄가스 냄새 속에 지내야 했지만, 하나님의 은혜로 깨끗한 공기를 마실 수 있는 따뜻한 공간이 마련되었습니다. 그 덕분에 삶의 질이 눈에 띄게 나아졌습니다.

하나님은 소전교회의 부족한 것을 때마다 채워 주셨습니다. 필요를 아시고 작은 교회를 잊지 않으시는 하나님, 그분의 세밀한 손길로 하루하루를 살아왔습니다.

이곳의 아름다운 자연 역시 하나님이 제게 주신 선물 가운데 하나였습니다. 이 마을에 살게 되면서 저는 나무와 풀을 더 좋아하게 되었고 어느새 자연과 마음으로 조용히 대화를 나누게 되었습니다. 차를 몰고 외출할 때면, 길가의 나무와 풀들이 바람에 흔들리며 마치 목사님, 잘 다녀오시라고 인사하는 듯했습니다. 마을로 돌아올 때는 잘 다녀오셨느냐며 반겨주는 것 같아, 산길을 즐겁게 다니곤 했습니다.

봄이면 새싹들이 귀엽고 사랑스러웠고 여름이면 무성하게 자란 풀과 나무들이 싱그럽고 풍성해 참 아름다웠습니다.

"풀들아, 너희는 참으로 하나님께 영광을 돌리는구나."

"나무들아, 말도 없고 불평도 없이 묵묵히 잘 자라나는구나. 그런데 사람들은 왜 그리 말이 많은지 모르겠다."

이따금 그런 말을 건네며 웃음을 짓기도 했습니다.

장마철에도 나무와 풀들이 제 역할을 충실히 해내는 것을 보면 감탄이 저절로 나왔습니다.

봄에는 꽃을 피우고 여름에는 열매를 맺으며 가을에는 아름다운 단풍으로 옷을 갈아입는 자연의 모습을 통해, 하나님께서 피조물에 베푸신 경이로움을 온전히 느꼈습니다.

칡넝쿨의 억센 생명력 속에서도 그 안에 깃든 아름다움에 감동했고, 꽃이 피면 사진을 찍어 보기도 하며, 겨울이면 눈 덮인 산과 마을을 바라보며 감탄하곤 했습니다. 이곳의 자연 풍경을 통해 하나님의 아름다움과 섬세한 사랑을 매일 같이 깊이 느끼며 살아왔습니다. 계절마다 변함없이 제 역할을 다하는 자연을 바라볼 때마다 하나님께서 제게 맡기신 사명을 끝까지 잘 감당해야겠다는 마음을 되새기곤 했습니다.

그리고 가끔 대청호에 나가 낚시를 즐기곤 했습니다. 그저 대나무에 낚싯줄을 매단 단순한 장비를 사용했을 뿐인데도 종종 큰 물고기들이 잘 잡혔습니다.

　그럴 때면 주변에 있던 전문 낚시꾼들조차 놀라워하며 신기하다고 말하곤 했습니다. 별것 아닌 작은 일이었지만, 그런 순간마다 하나님께서 저를 은근히 우쭐하게 하시며 따뜻하게 위로해 주신 것이라 느꼈습니다.

　저는 소전교회에 부임한 지 11년 만에 목사고시에 합격해서 1998년 11월 10일, 목사 안수를 받았습니다.
　신학교를 졸업한 지 6년 만의 일이었습니다. 오랜 세월 가슴에 품어 온 소망이 하나님의 은혜로 이루어지는 순간이었습니다. 늦은 나이에 다시 공부를 결심하고 목회의 길을 걸어오며 흘린

대청호에서

수많은 눈물과 기도가 그날 한순간에 감사로 바뀌었습니다.

하나님께서 저를 부르신 일이 결코 헛되지 않았음을 확인하며, 모든 것이 은혜임을 깊이 느꼈습니다. 목사 안수를 받은 직후, 우리 교회는 대한예수교 장로회로 교단을 전환하게 되었습니다. 애초에는 대한예수교 오순절 성결회에 소속되어 있었으나, 여러 여건의 변화로 인해 교단 소속을 조정하게 된 것입니다. 당시 기존 교단 내에서는 여러 교회가 새로운 길을 모색하던 시기였습니다. 소전교회 역시 오랜 기도와 숙고 끝에 교단을 전환하기로 하였고, 그 과정을 통해 하나님께서 교회를 새로운 방향으로 인도하심을 깊이 체험할 수 있었습니다.

목사 안수를 받는 모습(정중앙에서 마주 본 사람들 중 오른쪽)

사실, 그 무렵 교단의 사정이 어수선해지면서 인근 교회의 몇 몇 목사님들이 소속 교회를 옮기게 되었고, 저에게 자신들이 섬기던 교회의 후임으로 사역해 보지 않겠느냐는 제안을 몇 번 주셨습니다.

당시엔 솔직히 이곳에서의 목회가 너무 힘겨워 지쳐 있던 터라 다른 교회로 가볼까 하는 마음이 생겨 흔들리기도 했습니다. 그래서 하나님의 뜻을 구하며 기도했습니다. 그런데 이상하게도 소전교회를 떠나고 싶다는 마음이 앞설 때는 기도가 잘되지 않았습니다. 반대로 이곳에 남겠다고 결심할 때는 기도가 술술 나오고 마음도 평안해졌습니다.

목사 안수식(뒤돌아 있는 모습의 맨 오른쪽)

그런 흐름 속에서 하나님의 뜻이 이곳을 떠나지 말라고 하시는 것임을 깨달았습니다. 그래서 순종할 수밖에 없었습니다.

이곳에 남은 선택을 한 후에 어렵고 힘든 일이 닥칠 때면 "차라리 그때 기도하지 말고 그냥 떠나버릴걸 그랬나" 하는 인간적인 후회가 밀려올 때도 있었습니다. 그러나 이미 하나님의 뜻을 거역하면 어떤 결과가 따르는지 알고 있었기에 그때마다 마음을 다잡고 사역에 충실했습니다.

이곳에서 살아오면서 때론 인간적인 자존심까지 내려놓아야 하는 일도 종종 있었습니다. 교회에 부임한 뒤 몇 년 동안은 화장실의 변을 퍼내는 일까지 제가 직접 감당했습니다. 목회자라고 못 할 일은 아니었으나 힘든 것은 차치하고 무엇보다 부끄럽고 창피했습니다. 여자로서 그런 일을 한다는 것이 결코 쉽지 않았습니다. 교회 성도 대부분이 노인과 어린아이뿐이었으므로 부탁할 사람이 없어 마지못해 감당했습니다.

이러한 어려움은 단지 제 개인의 문제만이 아니었습니다. 이 마을이 처한 현실은 그 누구에게나 버겁고 더없이 척박하기만 했습니다. 열악한 교통과 부족한 교육 환경, 그리고 일자리의 부재로 인해 젊은이들은 이곳에서 살아가기 어려웠습니다.

겨울에 눈이 많이 내리면 마을은 완전히 고립되어 그 어떤 차량도 들어올 수 없었고, 아이들은 학교에 가지 못하는 날이 잦았습니다. 그래서 대부분 자녀가 중학생 정도의 나이가 되면 마을을 떠날 수밖에 없었습니다.

교회를 처음 개척할 당시만 해도 이 마을은 이 지역에서 나름 형편이 괜찮고 학식 있는 사람들이 모여 살던 곳이었다고 들었습니다. 대학생 자녀가 있는 가정도 있었고, 경찰 공무원으로 일하는 사람도 있었다고 했습니다.

그러나 대전 시민에게 식수를 공급하기 위한 대청댐이 건설되면서 모든 상황이 달라진 것이었습니다. 대부분의 주민은 논밭을 정부에 팔고 보상금을 받아 도시로 떠났습니다. 마을의 주요 생계 수단이던 닥나무 창호지 제작도 시대의 변화로 중단되었습니다. 유리창이 창호지를 대신하게 되었기 때문이었습니다.

그때부터 이 마을에는 도시로 이주할 수 없는 노인들과 살길이 막막한 이들만 남게 되었습니다. 그러니 교회 역시 자연스레 더욱 어려운 처지에 놓였습니다.

남은 주민들 대부분은 글을 읽지 못했습니다. 행정 서류 하나 작성하기도 힘들어, 거의 모든 일을 글을 쓸 줄 아는 마을 이장님에게 부탁해야 했습니다. 이런 현실을 마주하며 저는 문득 깨달았습니다.

복음이 우리나라에 처음 전해졌을 때, 선교사들이 가장 먼저 학교를 세운 이유도 바로 여기에 있었습니다. 복음을 이해하고 받아들이기 위해서는 무엇보다 글을 읽고 쓸 수 있어야 했기 때문입니다. 이처럼 낮은 문해력은 복음 전파에 분명한 장벽이 되고 있었습니다.

전도가 어려웠던 또 다른 이유는 이 지역 주민들이 오랜 세월 무속신앙에 깊이 익숙해져 있었기 때문이었습니다. 무당의 굿을 받지 않으면 벌 받는다고 믿는 두려움 속에서 살아온 이들은 복음보다 굿의 위력을 더 현실적으로 받아들였습니다.

게다가 교회 인근에는 절이 두 곳이나 있었는데, 그중 월○○라는 절이 마을 주변 대부분의 땅을 소유하고 있었습니다. 마을 사람들 상당수는 월○○의 땅을 빌려 농사를 지었기 때문에, 절의 눈치를 보느라 교회에 나오는 것조차 부담스러워했습니다.

이처럼 이 지역은 복음을 전하기도, 교회를 지켜 나가기도 쉽지 않은 곳이었습니다. 제가 부임하기 몇 해 전까지만 해도 이 마을로 들어오는 길목에는 교회가 두 곳 더 있었지만 모두 문을 닫았다고 들었습니다. 청주 인근 지역은 장로교단의 교회들이 활발히 사역하던 곳이었지만, 그곳조차 교인 수가 줄어 세 교회가 하나로 통합되기도 했습니다.

소전교회도 제가 부임한 지 6년쯤 되었을 무렵부터는 여느 시골 교회와 같은 변화를 겪었습니다. 연세 많으신 성도님들은 한 분 한 분 하나님의 품으로 떠나셨고, 젊은 이들은 직장을 찾아, 아이들은 더 좋은 학교에 다니기 위해 도시로 향했습니다.

저는 더 나은 삶을 찾아 떠나는 성도님들을 붙잡을 수는 없었습니다. 그래서 때로는 이런 생각이 들기도 했습니다.

"만약 돈을 지급해서라도 성도를 데려올 수 있다면, 그렇게라도 하고 싶다."

그만큼 이곳에서 성도 한 사람은 금보다 귀했습니다. 떠나는 사람은 많았지만, 새로 들어오는 이는 없었습니다.

교회는 점점 더 어려워졌고, 그럴수록 모든 것을 전능하신 하나님께 맡기고 기도할 수밖에 없었습니다.

7. 죽든 살든 하나님께 맡기고

"언제까지 그냥 이렇게 당하고만 있을 수는 없어요. 오늘은 결판을 내려고 합니다."

제 말을 듣고 집사님들은 말리셨습니다.

"그 사람은 장정인데 어떻게 하시려고요?"

"다치면 어쩌시려고요? 참으세요. 그냥 견디세요."

하지만 저는 단호하게 말씀드렸습니다.

"만약 제가 그에게 맞아 죽는다면 그것은 순교라고 생각합니다. 지금까지는 피해 왔지만 더는 도망치지 않겠습니다. 죽든 살든 하나님께 맡기고 정면으로 맞서겠습니다."

소전교회에서의 사역이 자리를 잡아 갈수록 이상하게도 더 큰 시험과 핍박이 찾아왔습니다. 그중에서도 잊을 수 없는 시련이 있었습니다.

그 시절 마을에는 술에 취해 소란을 피우거나 동네 사람들을 괴롭히던 모두가 골칫거리로 여기던 한 남자가 있었습니다.

어느 날 부흥 집회가 열리던 저녁에 그는 예배 소리가 시끄럽다며 쇠 파이프로 교회 대문을 두드리고 망치로 담을 치며 행패를 부렸습니다. 당시 교회는 방음 시설이 없어 문을 닫아도 예배 소리가 밖으로 새어 나갔던 탓이었습니다. 다행히 한 집사님이 재빨리 망치를 빼앗아 그를 돌려보내 집회는 무사히 마칠 수 있었습니다. 그러나 그 사건 이후에도 그의 괴롭힘은 멈추지 않았습니다.

그가 그렇게 한 이유는 단지 우리가 예배드리고 기도하는 것을 막기 위해서였습니다. 그는 저와 눈만 마주쳐도 "미친○"이라며 욕을 퍼붓고, 기도하거나 예배하면 죽여버리겠다고 협박했습니다. 저는 그것이 단순히 한 개인의 분노가 아니라 악한 영의 역사라고 믿었기에 두려워하지 않고 견뎠습니다.

그는 술만 마시면 마을 사람들에게도 욕설을 퍼붓곤 했지만, 대부분이 친족 관계여서 아무도 나서서 제지하지 못했습니다.

그의 악한 행동은 점점 심해졌습니다. 제가 차를 후진할 때면 일부러 차량 뒤에 서서 가로막고 부딪혀 보기라도 하라는 듯 버텼습니다. 그럴 때마다 가슴이 철렁 내려앉았습니다.

심지어 한밤중에도 찾아와 거실 창문 앞에서 입에 담을 수 없는 욕설을 퍼붓고 죽여버리겠다고 협박했습니다. 그가 하루도 빠짐없이 난동을 부리는 바람에 잠결에도 심장이 떨리고 두근거려 안정을 찾을 수 없었습니다. 그의 집은 교회 바로 옆이었는데 가정 형편이 매우 어려워 남의 일을 하며 생계를 이어가고 있었습니다. 저는 그런 사정을 알기에 측은한 마음이 들어 쇠고기를 사다 주거나 생활에 도움이 될 일을 찾아 도우며 마음을 열어 보려 했습니다. 그러나 그런 노력은 전혀 통하지 않았고, 괴롭힘은 끝내 멈추지 않았습니다.

깊은 고민 끝에 교회 성도님들을 모아 제 심정과 각오를 솔직히 털어놓았습니다.

"그 사람 때문에 도저히 살 수가 없습니다. 특히 자정이 넘도록 교회 창문에 대고 하는 쌍욕 소리를 들으면 심장이 떨려 도저히 견딜 수가 없습니다. 언제까지 그냥 이렇게 당하고만 있을 수는 없어요. 오늘은 결판을 내려고 합니다."

제 말을 듣고 집사님들은 말리셨습니다.

"그 사람은 장정인데 어떻게 하시려고요?"

"다치면 어쩌시려고요? 참으세요. 그냥 견디세요."

하지만 저는 단호하게 말씀드렸습니다.

"만약 제가 그에게 맞아 죽는다면 그것은 순교라고 생각합니다. 지금까지는 피해 왔지만 더는 도망치지 않겠습니다. 죽든 살든 하나님께 맡기고 정면으로 맞서겠습니다."

저는 그 사람 안에 역사하는 악한 영을 대적하여 싸우는 것이라고 믿었기에 결코 물러설 수 없었습니다.

그때 마음속에 하나님의 음성이 들렸습니다.

"그 사람에게 맞아 죽게 하지는 않을 것이다."

결전의 날이 왔습니다. 그 남자가 또 술에 취해 교회로 찾아와 소리쳤습니다.

"목사 나와라! 오늘 넌 죽은 목숨이다!"

이전 같았으면 문을 잠그고 피했겠지만 그날은 달랐습니다. 단단히 마음을 먹고 문을 열고 나가서 그에게 외쳤습니다.

"나를 죽이는 것이 소원이면 죽여라! 마음대로 해라!"

그는 잠시 당황하더니 곧 자기 집으로 달려가 기다란 쇠파이프를 들고 왔습니다. 교회 대문을 쇠 파이프를로 퍽퍽 치며 고성을 지르다가 이윽고 저를 향해 휘둘렀습니다. 그는 술에 많이 취했기 때문에 행동이 둔하여 저는 재빠르게 피할 수 있었습니다. 몸싸움이 이어지는 동안 그는 돌까지 주워 휘둘렀습니다.

죽을힘을 다해 남자의 힘에 맞섰습니다. 그러다 결국 둘 다 바닥에 넘어져 저는 팔과 얼굴, 다리에 상처를 입었습니다. 마침 교인들과 마을 사람들이 몰려와 상황을 제지했고, 늦게나마 경찰이 도착해 사건은 정리되었습니다.

저는 병원에 입원하여 진단 결과, 3주간의 치료가 필요하다는 소견을 받았습니다. 사건을 알게 된 그 남자의 동생이 병원으로 찾아와 병원비는 자기가 모두 부담하겠다며 용서를 구했습니다. 그분의 간곡한 부탁에 고발할 수가 없었습니다. 그가 몹시 미웠지만 용서해 주기로 하고 치료를 받은 뒤 퇴원했습니다.

하지만 법은 그의 행위에 대해 책임을 물었습니다. 당시 저는 환갑을 넘긴 나이였고, 그런 저를 상대로 쇠 파이프와 돌을 폭행하려 했기에 그는 벌금 300만 원을 선고받았습니다.

그래도 그는 정신을 못 차리고 그 정도로 벌금을 내느니 차라리 목사를 죽이겠다고 위협하며 벌금을 내지 않고 2년을 버티다가 결국 벌금 대신 50일간의 구류를 살았습니다. 그는 그 후로 다시는 교회에 와서 행패를 부리지 않았습니다.

또다시 그런 일을 벌였다가는 감옥에 가게 될 것을 두려워했기 때문입니다. 더 이상 저를 괴롭힐 수 없게 된 그는 분풀이의 대상을 집 안으로 돌렸습니다.

술에 취해 가족에게 욕설을 퍼붓고 폭력을 휘두르자 참다못한 아내는 어느 날 밤 자식들을 데리고 집을 나갔습니다.

자녀 중 장성한 큰딸은 김천에서 직장을 다니고 있었기에 가족은 그곳으로 피신했습니다. 그렇게 그는 홀로 남겨진 채 1년을 지내며 비루한 삶을 살았습니다.

그는 어렵사리 큰딸의 주소를 알아내 찾아갔지만, 아내와 자식들은 그를 받아주지 않았습니다. 그 후로도 몇 차례 더 찾아갔으나, 매번 문전박대를 당했습니다. 결국 그는 또다시 이곳에서 홀로 2년의 세월을 보내야 했습니다. 그러던 중, 그의 동생이 끈

질기게 설득한 끝에 아내가 마지못해 받아들이겠다는 뜻을 밝혔고, 그렇게 그는 가족의 품으로 돌아갈 수 있었습니다. 하나님을 대적했던 한 사람의 삶은, 그렇게 초라하게 끝을 맺었습니다.

벌랏 마을 사람들은 거의 다 예수를 믿지 않았지만, 도시로 나가 정착한 그들의 자녀들 가운데는 복음을 받아들이고 신앙생활을 이어가는 이들도 적지 않았습니다.

그들은 이 마을에서 부모가 교회를 핍박하는 것을 안타깝게 여겼습니다. 그래서 고향을 방문할 때마다, 교회를 향한 핍박이 자녀 세대에게 결코 좋은 영향을 주지 않는다는 사실을 부모들에게 분명히 전했습니다. 자식들의 당부가 마을에 퍼지자, 사람들은 교회를 함부로 핍박해서는 안 된다는 사실을 자연스럽게 깨닫게 되었습니다.

그 이후로는 저를 괴롭히던 사람들조차 교회를 대놓고 핍박하는 행동을 삼가기 시작했습니다. 때가 되니 하나님께서 사람들의 마음을 움직이시고 얽혀 있던 문제들도 하나씩 풀어 가시는 모습을 생생히 보았습니다. 변화된 마을 사람들의 모습 속에서 그들이 교회를 조금씩 이해하려는 기미가 분명히 느껴졌습니다.

이 마을은 밭조차 돌덩이로 가득해 척박하기 이를 데 없습니다. 그럼에도 봄이 오면 어김없이 씨앗을 뿌리게 되고 그 씨앗은 결국 싹을 틔우고 생명의 열매를 맺습니다. 이처럼 눈에 보이는 환경이 아무리 열악하더라도 하나님의 생명 씨앗은 반드시 뿌려

지고 자라나 마침내 열매를 맺는다는 진리를 이 마을에서 생생히 경험했습니다. 이 모든 것은 창조주 하나님의 신비롭고도 놀라운 섭리를 날마다 체험하게 하신 하나님의 은혜였습니다.

벌랏 마을은 그야말로 심심산골의 오지 중 오지로 외부와 완전히 단절된 곳이었습니다. 이 마을 사람들은 일제강점기 36년의 아픔도 알지 못했고 6·25 전쟁의 참상조차 거의 모르고 살아왔습니다. 지리적으로 고립되어 있었던 까닭에 미신과 유교의 전통이 옛 방식 그대로 전해져 왔고, 433년을 이어온 가문 중심의 공동체로서 조상의 전통을 지키며 자연을 숭배하는 신앙관이 깊이 뿌리내려 있었습니다.

저는 이러한 곳에서 하루도 빠짐없이 혼자 새벽 예배를 드렸고, 저녁에도 시간을 정해 이 땅이 예수님의 보혈로 덮이기를 바라며 몇 시간씩 기도하고 찬양했습니다. 엘리야가 기도로 바알의 세력을 물리쳤듯 저 역시 이 마을에 가득한 사단의 세력과 싸워 왔습니다. 왜 이곳이 그렇게까지 치열한 기도의 대상이었는지는 제가 이 마을에 처음 발을 디뎠을 때부터 분명히 드러났습니다.

제가 이곳에 부임할 당시 성도는 단 세 명뿐이었습니다. 그중 가장 연세가 많았던 성도님은 이 마을에 시집와 딸 둘을 낳은 뒤 산에 올라 무속신앙에 힘쓰던 분이었습니다. 그러다 악령에 사로잡히게 되었다고 했습니다.

불시에 악령이 붙으면 사흘 밤낮을 높은 산 속에서 헤매다가 새벽닭이 울 무렵이 되어야 비로소 악령이 떠나갔다고 했습니다. 그렇게 악령이 떠난 뒤에는 밤이슬을 맞으며 나무와 가시덤불에 온몸이 찢긴 채로 마을로 돌아오는 삶을 반복했다고 말씀하셨습니다. 그러던 성도님이 교회에 나오기 시작하면서 예수님을 믿고 조금씩 변화된 삶을 살아가기 시작했습니다. 새벽기도에 빠짐없이 참석하셨고, 교회를 의지하며 살아가셨습니다.

성도님의 소원은 자녀들에게 짐이 되지 않도록 병치레하지 않고 평안히 하나님 품으로 돌아가는 것이었습니다. 저는 그 간절한 뜻에 따라 하나님 품에 조용히 안길 수 있도록 기도하는 방법

벌랏마을 초입에 자리한 돌정승

을 가르쳐 드렸습니다.

그 성도님에게는 한 가지 특징이 있었습니다. 예배 중 "아멘"이라고 해야 할 때마다 늘 "아맹"이라고 발음하셨습니다. "아멘"이라고 해야 한다고 여러 번 알려드렸지만 언제나 "아맹"이라고 하셨습니다. 그러던 어느 날 갑자기 또렷한 발음으로 "아멘"이라고 하시더니 자신이 살아오며 저지른 잘못을 하나님 앞에 진심으로 회개했습니다.

그날 이후 성도님은 6개월 동안 이전과는 전혀 다른 믿음의 삶을 살다가 어느 날 갑자기 쓰러지셨고 일주일간 누워 계신 뒤 평안히 천국으로 가셨습니다.

한 영혼의 회개를 통해 또 다른 영혼을 구원하신 하나님의 은혜

　돌아가신 성도님의 작은딸은 청주에서 무당으로 지내고 있었는데 어머니의 회개 후 마지막 6개월의 모습을 지켜본 뒤 무속을 완전히 끊고 교회에 나가 신앙생활을 시작했습니다.
　한 영혼의 회개와 믿음을 통해 또 다른 영혼을 구원하신 하나님의 놀라운 은혜를 경험했습니다.

8. 목사가 아니야 사찰이야

주님이 아니었다면 저는 아마도 이미 한 줌의 흙이 되었을지도 모릅니다. 하나님께서 제 생명을 붙들어 주신 은혜에 감사하며 아무리 작고 보잘것없는 일이라 할지라도, 누군가에게 꼭 필요한 일이라면 기꺼이 감당하고자 했습니다.

특히 불신자들의 거센 핍박 속에서 힘든 시간을 지날 때면 마음속으로 "나는 목사가 아니야, 사찰이야."라고 되뇌며 낮은 자세로 사람들을 섬기려 애썼습니다.

그렇게 나 자신을 낮추니 어떤 상황이 와도 불평하지 않고 담담히 감당할 수 있었습니다.

하나님은 한 영혼을 천하보다 귀하게 여기십니다.

하나님께서는 이 마을 사람들을 구원하시고자 소전교회를 세우시고 수많은 주의 종을 보내셨습니다. 마을 사람들의 모진 핍박과 비난 속에서도 단 한 영혼이라도 구원받게 하려고 눈물로 간구하게 하셨습니다. 그들은 전기도 들어오지 않고, 차도 다닐 수 없는 낙후된 곳에서 호롱불을 켜고 예배드리며 영혼 구원을 위해 애썼습니다.

그들은 마을 사람들의 빨래와 설거지를 대신해 주고, 밭일도 도우며 복음을 전했습니다. 그렇게 흘린 수고와 눈물이 오늘날 소전교회가 존속할 수 있는 밑거름이 되었습니다. 그런 자리로 지극히 부족하고 무능한 저를 부르셔서 불신자 한 사람 한 사람을 회개하게 하시고 천국으로 인도해 주신 하나님의 은혜가 참으로 크고 감사했습니다. 그래서 말씀을 전할 때마다 늘 힘이 났습니다.

특히 장례 예배와 하관 예배를 인도할 때 한 번 죽는 것은 사람에게 정해진 것이요 그 후에는 심판이 있다는 말씀을 전하며 천국과 지옥의 분명한 실재를 선포할 때면 가장 담대해졌습니다.

복음을 전하며 영혼을 돌보는 일은 제게 가장 큰 기쁨이었습니다. 그뿐만 아니라 성도들의 삶 속에서도 하나님의 사랑을 전해야 한다는 생각이 들었습니다. 그래서 선대 교역자들이 그래 왔던 것처럼 틈날 때마다 밭에 따라 나가 힘닿는 데까지 농사일을 도왔습니다. 그리고 성도님들이 외출할 때면 그 집의 소와 개에게 밥을 주는 일을 도맡았고, 여름철 성도님들이 들에 나가 일하는 동안 소나기가 쏟아지면 집에 가서 빨래를 걷는 일도 마다하지 않았습니다.

주의 일을 맡은 종이었지만 성도님들과 마을 사람들의 삶까지 보살피는 종이 되어야 한다는 마음으로 그렇게 했습니다.

어느 날 마을 회관 앞에서 할아버지 세 분이 술을 마시고 계셨습니다. 그중 한 분이 저를 향해 손짓하며 말씀하셨습니다.

"전에 있던 전도사들은 마을에 다니며 빨래도 해 주고 설거지도 해 줬는데 전도사님은 왜 교회에만 계시오?"

그 말에는 교회 사람들만 챙기고 우리에게는 무심하다는 불만과 비아냥이 함께 담겨 있었습니다. 저는 잠시 생각하다가 조용히 대답했습니다.

"전에 계셨던 전도사님들이 빨래하고 설거지해 드린 이유는 어르신들을 예수 믿게 해서 천국 가시게 하려는 사랑의 마음에서 한 일이었습니다. 그런데 그들이 힘써 도와드렸어도 어르신들은 예수 믿지 않으셨지요?"

그리고 단호하되 조심스러운 말투로 말씀드렸습니다.

"저 역시 마을 일을 도와드릴 수는 있습니다. 하지만 전도사가 마을에 온 이유는 빨래나 설거지를 해 드리려는 것이 아니라 복음을 전하고 영혼을 구원하기 위함입니다. 마을 어르신들이 교회에 나오셔서 예수님을 믿으신다면 무엇이든 기쁜 마음으로 도와 드릴 수 있어요. 하지만 복음을 받아들이지 않으시면서 봉사만을 기대하신다면, 저는 그럴 수 없습니다.”

그날 대화 이후 술자리에 있던 어르신 중 한 분은 결국 복음을 받아들이셨고, 세례를 받으신 후 천국으로 가셨습니다.

그 일을 통해 선한 봉사만으로는 영혼을 구할 수 없다는 사실을 깊이 깨달았으며, 진리의 말씀이 사람의 마음을 열고 영원한 생명을 얻게 한다는 것을 확신하게 되었습니다.

이곳에서의 사역이 언제나 힘들기만 했던 것은 아니었습니다. 하나님은 제게 귀한 동역자를 붙여 주셨습니다.

제가 부임했을 당시 교회 재정을 맡고 계셨던 윤○○ 집사님은 서울 사람이었는데, 6·25 전쟁 때 가족과 함께 피난을 떠나 대전에서 머무르시다가 전쟁이 끝날 무렵 교회를 설립하신 가정의 며느리가 되셨습니다. 그러나 집사님의 남편은 집을 비우고 떠도는 일이 잦았습니다. 대전에서 다른 여자와 살기도 했고, 재산을 탕진하며 방탕한 삶을 이어갔다고 했습니다.

집사님은 그런 남편을 대신해 홀로 시부모님과 자녀들을 돌보며 살아야 했습니다. 삶이 너무 고되고 외로워 몇 차례나 집을 나가기도 하셨지만, 자식들과 시부모님을 생각해 결국 다시 돌아오셨다고 했습니다. 그 뒤로는 해본 적도 없는 일들을 도맡으며 억척스럽게 생계를 꾸려 나가셨습니다.

집사님은 시골 사람답지 않게 세련된 인품과 지성을 지니신 분이었습니다. 마을 부녀회장으로 20년을 봉사할 만큼 지혜롭고 능력 있는 분이셨습니다. 6·25 전쟁의 비극이 그분의 삶을 송두리째 바꾸어 놓은 것이었습니다. 집사님은 절망적인 삶 가운데서도 예수님을 믿고 하나님만을 바라보셨기에 끝까지 삶을 이어올 수 있었다고 고백하셨습니다.

오랜 세월을 억척스러움과 믿음으로 견뎌낸 집사님은 결국 문의면의 유지가 되어 사람들의 존경을 받으며 살아가셨습니다. 또한 좋은 인격과 신앙을 갖춘 분으로 널리 인정받으셨습니다. 저와는 언니와 동생처럼 정을 나누며 교회 일을 함께 감당했습니다. 목회가 힘들어 눈물이 날 때면 집사님께 제 마음을 털어놓았고, 집사님은 언제나 지혜롭게 답을 주셨습니다.

그랬던 집사님께서 병환으로 하나님의 부르심을 받아 천국으로 떠나셨습니다. 마음으로 깊이 의지했던 분이었기에, 목회에 지치고 힘들었던 순간마다 그분이 떠올랐습니다. 지금도 그분이 많이 그립습니다.

세월이 흐르면서 교회 성도님들께서 하나둘 천국으로 떠나셨습니다. 천국을 소망하면서도 사랑하는 분들을 보내는 일은 언제나 쉽지 않았고, 그럴 때마다 인간적인 정을 떼기 어려워 참 많이 울었습니다. 그런 시간을 지나오며 더욱 하나님만을 의지하며 살아왔습니다. 아파서 누워 계신 노년의 성도님들도 제가 직접 돌보아드렸습니다.

자녀들 대부분이 도시에서 바쁘게 살아가고 있었기에, 병든 이들을 그대로 방치할 수 없어, 정성껏 죽과 반찬을 만들어 들고 집마다 심방하며 간병까지 감당했습니다.

교회 성도님들뿐 아니라 예수님을 믿지 않는 마을 주민들까지도 병이 나면 찾아가 섬겼습니다. 한때 저를 핍박하던 이들조차 병들고 나서는 마음을 열고 저를 받아들이며 의지했습니다. 그런 이들을 가까이에서 돌보며, 인간은 병들고 약해지면 얼마나 무력해지는지를 깊이 보게 되었습니다.

피조물인 사람은 아무 권능도 없으면서도 미련하게 모든 것을 자기 뜻대로 하려 합니다. 그러나 권능의 하나님께서는 모든 일을 하나님의 때에 이루신다는 사실을, 저는 그 시절 마음 깊이 깨달았습니다. 그래서 저와 소전교회에 행하신 하나님의 일을 이렇게 고백하지 않을 수 없습니다.

"모든 것을 주님께서 하셨습니다."

저는 병으로 두 번이나 죽을 뻔한 고통스러운 시간을 지나온 사람이었습니다. 그 경험 덕분에 아픔 속에 있는 이들을 바라보는 긍휼의 마음을 품을 수 있었습니다. 주님이 아니었다면 아마도 이미 한 줌의 흙이 되었을지도 모릅니다. 하나님께서 제 생명을 붙들어 주신 은혜에 감사하며 아무리 작고 보잘것없는 일이라 할지라도, 누군가에게 꼭 필요한 일이라면 기꺼이 감당하고자 했습니다.

특히 불신자들의 거센 핍박 속에서 힘든 시간을 지날 때면 마음속으로 "나는 목사가 아니야, 사찰이야."라고 되뇌며 낮은 자세로 사람들을 섬기려 애썼습니다. 그렇게 나 자신을 낮추니 어떤 상황이 와도 불평하지 않고 담담히 감당할 수 있었습니다.

예수님을 믿기 전, 저는 무려 37년 동안 세상을 떠돌며 불신자로 살아왔습니다. 그런 동안에 세상만사의 헛됨을 보았고, 겪었습니다. 죄악된 세상 속에서 참된 기쁨이 무엇인지 모른 채 살아가는 인생이 얼마나 허망한 것인지 뼈저리게 알고 있었습니다. 그래서 하나님께서 제게 맡기신 마을의 한 사람 한 사람을 더욱 귀히 여기게 되었고, 그들의 구원을 위해 지금까지 기도하며 섬기는 일을 멈추지 않고 이어왔습니다.

가끔은 젊은 시절 사역했던 서울의 신일교회가 떠올랐습니다. 당시 교회는 이○○ 목사님이 시무하시며 지역에서 손꼽힐 만큼 크게 부흥하고 있었습니다. 연합 예배가 있을 때면 늘 신일교회에서 예배드릴 정도로 영향력 있는 교회였습니다.

이○○ 목사님은 시무 중에 미국 교회로부터 청빙을 받아 사역지를 옮기셨습니다. 후에 여러 목사님이 후임으로 부임하셨지만, 그분만큼 교회를 잘 이끄는 목회자는 없었습니다. 그 모습을 보며 저는 교회가 목회자의 리더십과 영적 분별력에 따라 얼마나 달라질 수 있는지를 깊이 느꼈습니다.

그 영향을 받아 저도 이○○ 목사님의 사역을 본받아 금식기도를 하여 이 지역의 영적 어둠을 물리치고 믿음 없는 영혼들을 주님께로 이끌고자 했습니다. 하지만 저는 허약 체질이어서 금식하면 쓰러지기 일쑤였습니다. 그런 자신이 부끄러워 하나님께 여러 번 이 교회를 떠나게 해달라고 기도드렸지만, 하나님께서는 단 한 번도 응답하지 않으셨습니다.

이미 목숨과 맞바꾸어 이곳까지 이르게 된 저로서는 하나님의 허락 없이는 감히 떠날 수 없었기에 결국 생각을 바꾸고 조용히 마음의 준비를 했습니다.

"그래, 곧 내 나이 일흔이 되면 정년 은퇴할 테고 그때가 되면 자연스레 이곳을 떠나게 되겠지."

은퇴를 염두에 두던 시기, 우리 마을과도 가까운 충청북도 청원군 미원면 금강리에 위치한 금강교회에서는 복지 사역의 하나로 요양 시설을 건축 중이었습니다.

그 교회 사모님과는 평소 친분이 있던 분이었는데, 사모님은 지역 보건 진료소 소장이셨습니다. 그런데 어느 날 진료소에 화재가 발생했습니다. 이 일을 빌미로, 다른 지역의 한 보건소장이 사모님을 밀어내고 진료소장 자리를 차지하기 위해 허위 민원을 제기하고, 사모님을 노골적으로 비방하며 명예를 깎아내리기 시작했습니다. 그로 인해 사모님은 억울하게 다른 지역으로 전보될 위기에 처하셨고, 큰 충격을 받은 사모님은 제게 사임 의사를 밝히며 낙심한 심정을 토로하셨습니다.

그때 저는 하나님께서 주신 마음으로 권면해 드렸습니다.

"저 같은 사람도 참고 견디며 사역하고 있으니 당장은 힘들더라도 절대 사임하지 마세요. 기도하면서 견뎌내면 분명 좋은 날이 올 겁니다."

사모님은 권면에 응하여 진료소장직을 사임하지 않고 묵묵히 자리를 지키시며 오히려 이전보다 더 성실하게 업무에 임하셨습니다. 마을 주민들 사이에서는 사모님의 업무 능력과 주민들을 대하는 태도를 칭찬하는 목소리가 퍼져나갔습니다.

결국 그 소문이 충청북도 도지사에게까지 닿아 표창과 함께 엄청난 금액의 상금을 수여 받으셨습니다. 그 상금은 금강교회 내 요양원 시설을 마련하는 데 큰 보탬이 되었습니다.

사모님은 기뻐하시며 이렇게 말씀하셨습니다.

"목사님의 권면에 따랐더니, 이런 좋은 일도 생기네요."

"저는 하나님께서 주신 마음으로 격려했을 뿐인데 사모님에게 힘이 되었다니, 하나님께 영광을 돌립니다."

그일 이후로 사모님과는 더 가까운 사이가 되었습니다. 저는 은퇴 후 그 요양시설에 머물면 좋겠다고 생각했습니다. 그래서 건설 중인 복지관 건물에 방 한 칸을 마련해 달라는 요청과 함께 노후를 대비해 모아 두었던 1,000만 원을 건축 헌금으로 드리기로 약속했습니다. 우선 500만 원을 전달했고, 나머지 500만 원을 드리기로 약속한 날이 다가왔습니다.

그런데 약속한 날 새벽기도 중에 마음에 예상치 못한 강한 감동이 밀려왔습니다. 다른 어떤 기도도 드릴 수 없을 만큼 하나님의 음성이 뚜렷하고 단호하게 들려왔습니다.

"그 돈을 전달하지 말라."

평소에 약속은 반드시 지켜야 한다는 삶의 원칙을 가지고 있었기에 그 중요한 약속을 어긴다는 것은 상상할 수도 없는 일이었습니다. 원래 계획대로 하겠다고 아무리 기도해도 하나님의 뜻은 변하지 않으셔서 결국 나머지 금액을 전달하지 않기로 결단했습니다. 그렇다고 사모님께 하나님께서 돈을 주지 말라고 하셨다고 말할 수도 없었기에 매우 난처했습니다.

변함없이 이어가는 동행

　결국 요양원 입주는 취소되었습니다. 저는 그 일로 인해 한동안 사모님께 약속을 지키지 않은 사람, 신뢰를 저버린 사람처럼 비쳐졌을지도 모른다고 생각하며 면목이 없었습니다.

　다행히 시간이 흐르면서 사모님도 당시의 상황을 이해해 주셨고, 예전처럼 좋은 관계를 유지할 수 있었습니다. 지금도 사모님은 저를 따뜻하게 챙겨 주시고 여러모로 도와주고 계십니다. 참으로 감사한 분입니다.

　돌이켜 보면 하나님께서는 그 과정을 통해 저를 이곳에 머물게 하셨을 뿐 아니라, 사람과의 약속이나 관계보다 하나님의 뜻을 우선하는 법을 배우게 하신 것이었습니다.

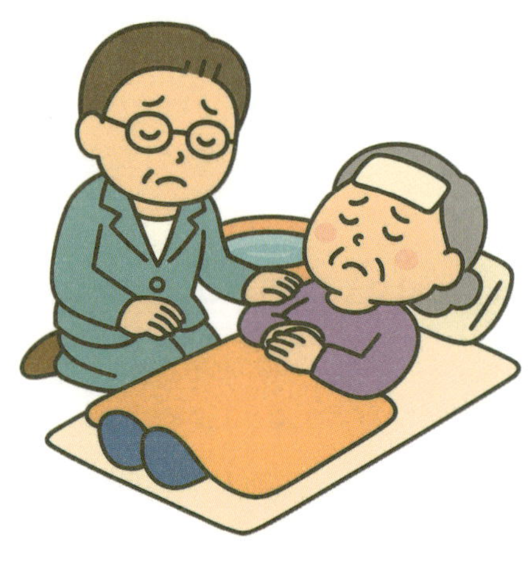

9. 저를 어떻게 쓰시려 하십니까

저는 비로소 깨달았습니다.

"소전교회를 통해 무엇을 이루려 하십니까?"

"저를 어떻게 쓰시려 하십니까?"

그 질문의 답은 이미 제 삶 속에서 이루어지고 있었다는 것을요. 겉으로는 아무 일도 일어나지 않는 것처럼 보였지만, 주님께서는 이미 저와 소전교회를 당신의 손으로 붙들고 계셨던 것입니다.

한 번은 이곳에서의 삶이 너무나 고되고 힘겨워 '죽으면 죽으리라'는 각오로 3일 작정 금식기도를 시작했습니다. 금식기도를 통해 하나님께 듣고자 했던 응답의 질문은 두 가지였습니다.

"소전교회를 통해 무엇을 이루려 하십니까?"
"저를 어떻게 쓰시려 하십니까?"

금식기도가 끝나던 날 새벽, 예배를 마치고 사택으로 돌아와 지친 몸을 눕혔습니다. 그 순간, 현실과 비현실의 경계가 서서히 흐려지더니 마치 하늘이 열리는 듯한 빛이 쏟아졌고, 눈앞에는 실재처럼 생생한 환상이 펼쳐지기 시작했습니다. 놀라움 속에서도 저는 그 환상의 흐름을 제 뜻대로 멈출 수 없다는 걸 직감했고, 그저 환상 속으로 이끌려 들어갈 수밖에 없었습니다.

환상 속에서 가장 먼저 보인 것은 한 번도 본 적 없는 낯선 풍경이었습니다. 주변은 어딘지 모르게 음산하고 불길한 기운이 감돌았습니다. 거칠고 황량한 암반이 길게 이어진 그 너머에 소전교회가 홀로 서 있었습니다. 교회 쪽으로 가까이 다가가려는 순간, 커다란 구렁이 세 마리가 바위틈 사이에 몸을 숨긴 채 머리만 내밀고 저를 노려보며 위협했습니다.

놈들을 반드시 쫓아내야 한다는 위기감이 본능처럼 일었습니다. 저는 돌을 주워 구렁이들을 향해 던져 보았지만, 놈들은 미동조차 하지 않았습니다.

바위를 부수지 않는 한, 그들을 끌어낼 방법은 전혀 없어 보였습니다. 결국 제힘으로는 놈들을 몰아낼 수도, 교회를 지켜낼 수도 없다는 사실 앞에 깊은 무력감과 두려움이 밀려들었습니다. 그때였습니다. 갑자기 시야가 흐려지더니 환상은 전혀 다른 장면으로 바뀌었습니다.

다시 나타난 제 모습은 이전과 확연히 달랐습니다. 저는 투구를 쓰고 갑옷을 입고 허리에 띠를 두르고 군화를 신은 채 복음을 전하고 있었습니다. 그러나 제가 서 있던 곳은 아슬아슬한 절벽 끝, 한 사람이 간신히 설 수 있을 만큼 좁고 몹시 위태로운 자리였습니다. 절벽 아래에서는 사람들이 거센 바람에 흔들리는 저를 보며 수군거렸습니다.

"저 사람은 곧 떨어져 죽을 거야."

낭떠러지에서 떨어지지 않으려 온 힘을 다해 몸을 가누던 그 순간, 누군가 뒤에서 제 허리를 단단히 감싸안았습니다.

아래로 떨어지지 않도록 절대 놓치지 않으려는 강한 손길이 느껴졌습니다. 그 품에 안기자, 모든 두려움이 사라져 다시 용기를 내어 큰 소리로 복음을 전할 수 있었습니다.

그러다가 환상이 다시 한번 바뀌었는데, 저를 조롱하던 사람들은 하나둘 자취를 감추었습니다. 대신 제 앞에는 4~5층 높이의 아파트 같은 건물들이 줄지어 서 있었고, 밝게 빛나는 창문마다 흰옷을 입은 사람들이 나타났습니다. 그들은 환한 얼굴로 저를 향해 박수와 환호를 보내며 응원하고 있었습니다.

그 모습을 보는 순간, 마음 깊은 곳에서 확신이 밀려왔습니다.

"주님께서 언제나 나를 붙들어 주셨구나!"

"교회를 향한 사단의 역사를 주님께서 이기게 하셨구나!"

저는 비로소 깨달았습니다.

"소전교회를 통해 무엇을 이루려 하십니까?"

"저를 어떻게 쓰시려 하십니까?"

그 질문의 답은 이미 제 삶 속에서 이루어지고 있었다는 것을요. 겉으로는 아무 일도 일어나지 않는 것처럼 보였지만, 주님께서는 이미 저와 소전교회를 당신의 손으로 붙들고 계셨던 것입니다. 그 환상을 통해 제 마음에는 두려움 대신 하나님께서 소전교회를 통해 이루실 새로운 역사를 믿음으로 바라보게 되었습니다. 큰 감격에 눈물을 흘리며 이렇게 다짐했습니다.

"은퇴하는 그날까지, 이곳에 남아 복음을 전하겠습니다."

10. 더 깊은 사랑과 인내로

만약 이 병이 이웃을 용서하지 못한 제 마음에서 비롯된 죄의 열매였다면, 그 또한 피할 수 없는 당연한 결과였을 것입니다. 그래서 마음 깊이 결심했습니다.

"이 병을 짊어지고 살더라도 더 깊은 사랑과 인내로 죽어가는 영혼들을 위해 끝까지 기도하고 섬기며 살리라."

아픔과 고통을 통해 주님의 사랑과 십자가의 은혜를 더욱 분명히 깨닫게 하셨으니 감사와 찬송을 올려드릴 수밖에 없었습니다.

주님께서 주신 깨달음을 따라 새로운 결단과 각오를 한 뒤 주님의 일을 더 잘 감당하고자 할수록 어김없이 마귀의 방해가 따랐습니다. 그중 몇 가지 사건으로 마음에 깊은 상처를 입고 큰 고난을 겪었습니다.

5년 동안 교회에 출석하셨던 60대 여성 성도님이 암 투병 끝에 소천하신 일이 있었습니다.

그분은 생전에 자신의 장례는 반드시 기독교식으로 치러 달라는 바람을 남기셨지만, 그 뜻을 지키는 일은 결코 쉽지 않았습니다. 고인의 남편은 이 마을에서 28년 동안 이장을 지낸 분이었는데, 예수를 믿는 것에 대해 강한 거부감을 가지고 있던 분이었습니다. 실제로 그는 교회를 괴롭히던 세력의 한 축이기도 했습니다. 그로 인해 고인의 유언대로 기독교식 장례를 치르는 일은 처음부터 난관에 부딪혔습니다.

고인의 가족 중 믿음을 가진 이는 고인이 된 아내와 큰아들 부부뿐이었습니다. 그들은 우리 교회의 집사이시기도 했고, 의정부로 이사해 살면서도 매달 우리 교회에 십일조를 보내시며 신실하게 신앙을 지켜 온 분들이었습니다.

하지만 고인의 다른 자녀들과 친척들 모두 신앙이 없었기에 아무리 유언이었다고 할지라도, 기독교식 장례를 치른다는 것은 어려운 일이었습니다. 그래도 저는 고인의 뜻을 저버릴 수 없어 성도님들과 함께 장례식 준비를 한 후 상갓집으로 향하긴 했지만, 왠지 발걸음은 무겁기만 했습니다.

상갓집에 도착해서 애도의를 뜻을 표한 뒤, 기독교식 장례 예배를 드리려고 준비를 하는 중에 상갓집 어른들이 전통 장례 방식을 고집하며 강하게 반발했습니다. 논쟁 끝에 고인의 남편은 기독교식 장례는 안 된다며 태도를 바꾸었고, 결국 저는 대문 밖으로 내쫓겨 교회로 돌아올 수밖에 없었습니다.

그러나 아들과 며느리, 그리고 교회 성도님들이 저를 찾아와 장례 예배만큼은 꼭 드려 달라고 간곡히 부탁하셨습니다.

매우 난처한 상황이 되었습니다. 예배를 다시 드리자니 고인의 남편과 가족들의 거센 반대가 우려되었고, 거절하자니 유가족과 성도님들의 요청을 외면하는 셈이 되어 마음이 무거웠습니다. 무엇보다 생전에 남기신 고인의 유언이 계속 마음에 남아, 결국 그 마지막 바람을 지키기 위해 상주 가족을 어렵게 설득한 끝에 장례 예배를 인도할 수 있었습니다.

고인은 우리 교회 교인이셨지만, 교인 수가 적었던 탓에 발인 예배와 하관 예배는 관례에 따라 인근의 큰 교회인 문의교회 담임목사님께서 집례하시기로 되어 있었습니다. 그에 따라 문의교회 성도님들도 장례식에 함께 참석했지만, 당일 목사님께 갑작스러운 사정이 생겨 참석하시지 못하게 되면서 결국 제가 발인 예배와 하관 예배까지 모두 집례하게 되었습니다.

예배를 드리는 동안, 일부 집안사람들은 기독교식 장례에 대한 강한 거부감을 표정과 행동으로 드러냈습니다.

심지어 장례식이라는 엄숙한 자리에서 "미친○"이라는 모욕적인 말을 서슴지 않았고, 그로 인해 엄숙해야 할 장례식은 한순간에 무겁고 혼란스러운 분위기에 휩싸였습니다.

그 광경을 지켜보던 며느리는 극심한 충격을 받아 결국 그 자리에서 정신을 잃고 쓰러지고 말았습니다. 우여곡절 끝에 장례식을 마쳤지만, 그날의 상황은 목회자로서 매우 감당하기 힘든 시간이었습니다. 하지만 그 모든 일 또한 하나님의 은혜였음을 깨달았습니다. 하나님께서 장례 예배를 집례하는 자리에 저를 세우셨다는 사실 자체가 얼마나 감사한 일이었는지 새삼 깨닫게 되었습니다.

한편, 하나님께 감사하는 마음과는 별개로 그날 고인의 남편인 이장님과 가족들에게서 받은 인격적 모욕은 쉽게 잊히지 않았습니다. 저는 늘 목회자는 하나님께 인정받아야 할 뿐 아니라 사람들 앞에서도 최소한의 존중을 받아야 한다고 생각해 왔습니다. 그동안 제가 몸담았던 교회들 또한 목회자를 존중하는 분위기였기에 그런 생각은 더욱 당연하게 여겨왔었습니다.

저 역시 평신도 시절부터 목회자를 존중해 왔었고, 그 태도는 교역자가 된 이후에도 변함이 없었습니다. 그 신념을 지닌 제게는, 장례 예배 당시 사람 취급조차 받지 못한 일이 큰 상처로 남았습니다.

그 일이 떠오를 때마다 식욕이 떨어지고 기운이 빠졌으며, 몸까지 아파져 일상을 감당하기 어려웠습니다.

뒤늦게 알게 된 일이지만, 그 고통은 대상포진의 초기 증상이었습니다. 당시에는 그것이 병 때문인지도 모른 채 기도하며 견디기만 했습니다. 그러다 결국 참을 수 없는 통증에 청주의 한 종합병원을 찾았지만 단순한 담 증상으로 오진하고 진통제만 처방해 주었습니다.

약을 먹어도 통증은 점점 심해졌고, 견디다 못해 문의면의 작은 병원을 다시 찾은 끝에 비로소 대상포진이라는 진단을 받았습니다. 곧바로 전문의를 찾아 진료받았는데, 의사 선생님은 이렇게 말씀하셨습니다.

"치료 시기가 너무 늦었습니다. 이 병의 통증 정도는 아이를 낳을 때의 고통보다 더 심합니다. 출산의 고통이야 아이를 낳고 나면 끝나지만, 대상포진은 고통이 오래 지속되니 마음 단단히 먹으셔야 합니다."

저는 아이를 낳아 본 경험은 없지만 출산이 여성에게 가장 큰 고통이라는 이야기를 늘 들어왔기에, 그보다 더한 고통을 평생 안고 살아야 한다는 말에 가슴이 먹먹하고 허망한 마음이 들었습니다.

그러나 그런 육체적 고통 속에서도 하나님께서는 제게 깊은 영적 깨달음을 허락하셨습니다.

유한한 생명을 탄생시키기 위해서도 죽음에 가까운 고통을 겪어야 한다면, 영원한 생명을 전하는 목회자의 길에는 그보다 더한 고통도 마땅히 감당해야 한다는 사실이었습니다.

주님께서도 영원히 죽을 수밖에 없는 인생들을 위해 십자가의 고통과 멸시를 참아내셨고, 그 구속의 은혜로 우리가 영생을 얻게 되었음을 다시금 마음 깊이 새기게 되었습니다.

그리고 장례 예배 당시의 모욕을 잊지 못하고 그런 말을 한 사람들을 용서하지 못한 채 가슴에 응어리를 품고 있었던 '죄성' 또한 되돌아보게 되었습니다.

만약 이 병이 이웃을 용서하지 못한 제 마음에서 비롯된 죄의 열매였다면, 그 또한 피할 수 없는 당연한 결과라는 것을 깨달았습니다. 그래서 마음 깊이 결심했습니다.

"이 병을 짊어지고 살더라도 더 깊은 사랑과 인내로 죽어가는 영혼들을 위해 끝까지 기도하고 섬기며 살리라."

아픔과 고통을 통해 주님의 사랑과 십자가의 은혜를 더욱 분명히 깨닫게 하셨으니 감사와 찬송을 올려드릴 수밖에 없었습니다. 대상포진으로 45일간 병원에 입원했지만, 그 고통스러운 시간 속에서도 주일마다 한 시간 거리를 운전해 교회로 가서 말씀을 전했습니다.

하나님의 은혜와 병원장 선생님의 세심한 치료 덕분에 조금씩 회복할 수 있었습니다. 원장님 본인은 신앙이 없다고 말씀하셨지만, 치료 막바지에 이렇게 말씀하셨습니다.

"아줌마의 믿음을 보고 하나님이 치료해 주신 것 같습니다. 이제 내가 할 일은 다 했습니다. 다만, 아줌마는 이 병을 죽을 때까지 짊어지고 살아가야 할 겁니다."

　지금도 비가 오기 전이나 마음에 큰 짐이 생기면, 여전히 그 부위에 통증이 찾아옵니다. 그러나 그 아픔은 더 이상 병의 증상이 아니라, 누구를 만나든 이해하고 용서하며 사랑하라는 하나님의 뜻을 되새기게 하는 은혜의 흔적이라 믿습니다.

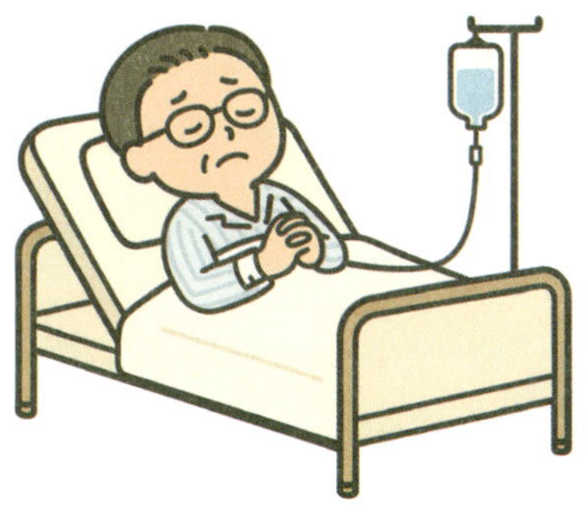

대상포진이 생길 만큼 저에게 스트레스는 물론 심적으로 깊은 모멸감을 안겨주었던 마을 이장님은 예전부터 교회를 하나의 독립된 신앙 공동체로 인정하지 않고, 마을의 부속 기관처럼 여기셨습니다. 그런 인식 탓이었는지 때로는 교회 활동을 직접적으로 방해하는 듯한 일들도 서슴지 않으셨습니다.

예를 들어 교회 예배당 창문 바로 앞에 전봇대를 세우거나, 예배 시간에 소리가 울려 퍼지도록 교회 앞 감나무에 마을 방송 앰프를 설치하기도 하셨습니다.

그러한 행위들이 의도적인 것인지 단순한 무지에서 비롯된 것인지 알 수는 없었습니다. 그러나 예배의 평온함과 성도님들의 집중을 방해하는 일이 되었기에 저는 여러 차례 정중히 말씀드렸습니다.

"이곳은 하나님을 예배하는 자리입니다. 이런 일들은 신중히 결정해 주셨으면 합니다."

그럼에도 마을에서 이장이라는 직함만으로도 막강한 영향력을 행사하던 분이었기에 여자 전도사인 제가 감히 그분에게 조언하려 했던 일 자체를 불쾌히 여기고 무시하셨으며, 노골적으로 언짢은 기색을 드러내시기도 하셨습니다.

그러나 세월의 흐름은 누구에게나 공평했습니다. 마을에서 기세등등하고 영향력이 컸던 이장님도 결국 그 세월을 이기지 못하셨고, 노환으로 병상에 눕게 되셨습니다. 죽음을 앞두고 그는 차츰 마음의 문을 여셨습니다.

　그리고 마지막 순간, 예수 그리스도를 마음에 영접하시어 평생 지은 죄를 회개한 뒤 조용히 주님 품에 안기셨습니다. 저는 그분의 마지막을 곁에서 지켜보았습니다. 교회를 거세게 반대하고 신앙을 조롱하던 이장님조차 하나님의 오래 참으심과 인도하심 앞에서는 결국 고개를 숙일 수밖에 없었습니다. 그분의 마지막을 바라보며 마을의 중심에서 하나님을 대적하던 그 영혼마저 구원의 길로 인도하신 하나님께 감사의 고백을 드렸습니다. 그리고 한 영혼도 포기하지 않으시는 주님의 자비와 인자하심을 깊이 경험했습니다.

　이장님의 회심과 소천은 이 마을에서 복음을 거부하던 이들의 마음이 하나둘씩 열리기 시작한 분기점이 되었습니다. 하나님의 만지심으로 교회를 대적하던 마을 사람 중 여덟 명의 영혼이 예수님을 믿고 천국에 가셨습니다. 그들은 모두 이 마을에서 이름난 인물들이었고 자존심이 강하며 미신을 섬기기로는 둘째가라면 서러워할 사람들이었습니다. 평생 예수를 믿지 않고 교회를 핍박하던 이들이 마침내 예수님께로 돌아오는 모습을 보며 저는 하나님께 한없는 감사와 찬양과 영광을 올려 드렸습니다.

　소전교회는 이 마을 사람들이 인생을 마무리하는 순간에 예수님을 영접하고 구원받을 수 있도록 돕는 사명을 감당해 왔습니다. 저는 마을의 불신자 모두를 하나님께서 반드시 구원해 주실 것이라는 믿음을 품고 그 자리를 지키며 하나님의 은혜로 교회를 섬길 수 있었습니다.

주님께서는 제 마음에 늘 이렇게 말씀하셨습니다.

"한 영혼이 천하보다 귀하니 네게 맡긴 영혼들을 복음으로 이끌어라. 내가 그들을 구원하게 하리라."

비록 지식도 부족하고 육신도 연약한 저였지만 날마다 이 마을 사람들의 이름을 하나하나 불러 가며 그들의 구원을 위해 간절히 기도했습니다.

교회를 핍박하던 이들 중에는, 교회에 출석하는 이웃의 삶에 집요하게 간섭하며 신앙을 흔드는 사람도 있었습니다.

소전 1리의 희귀 유전병 내력이 있던 집의 큰아이가 초등학교 1학년이 된 어느 날, 친구와 자전거를 타다가 개천에 빠져 팔을 다치는 일이 있었습니다. 이 일을 전해 들은 아이 아빠의 친구는 평소에도 그 가정의 신앙생활을 못마땅하게 여기던 사람이었는데, 그는 이 사건을 기회 삼아 아이 아빠의 믿음을 집요하게 흔들기 시작했습니다.

"하나님이 있으면 애가 왜 다치겠어? 애가 다친 거 보면, 하나님은 없는 거야. 그러니까 교회 좀 그만 다녀."

"내 동생도 교회 다니고 나서부터는 제사도 안 지내겠다고 하더라. 완전히 싹수없어졌어."

"예수 믿는 사람들은 다 사기꾼들이야."

틈만 나면 예수 믿는 사람들을 싸잡아 비난하고 욕하면서 아이 아버지에게 교회에 나가지 말라고 늘 다그쳤습니다.

그 집 소 두 마리가 죽었을 때도 그랬습니다.

"하나님이 정말 계시면 예수 믿는 사람 집에 이런 일이 생기겠냐? 이게 하나님이 없다는 증거야. 그러니 교회 다니지 마. 네가 교회에 나가게 된 이후부터 제사를 지내지 않으니, 조상님들이 벌을 주신 거야."

끊임없이 부정적인 말들로 아이들의 아버지를 채근하자, 그 가정의 분위기도 점차 달라졌습니다. 어린 두 아들은 그때부터 교회에 나오는 일이 뜸해지더니 결국 몇 주 동안이나 예배에 나오지 않아, 더 이상 지켜볼 수 없다는 마음이 들어 그 가정을 심방했습니다. 그런데 마침 그 문제의 남자도 그 자리에 있었습니다. 그는 거리낌이 없이 교회를 향한 조롱이 묻어 있는 표정과 말투로 따졌습니다.

"내 친구가 예수 믿고 나서 애 팔이 부러지고 소가 두 마리나 죽었잖아요. 그런데 왜 자꾸 교회에 나오라고 하세요?"

그 후로도 아이들은 계속해서 주일 예배에 나오지 않았고, 다시 심방을 갔을 때 아이들 엄마는 민망해하며 말씀했습니다.

"제 친구 고모가 무당인데 점을 보자고 해서 다녀왔어요. 그런데 남편이 이제 교회 나가지 않겠다고 하네요. 죄송합니다."

속상하고 안타까운 마음에 몇 차례 더 심방하며 교회로 돌아오길 권했지만, 그 가족은 끝내 교회로 돌아오지 않았습니다.

11. 그 땅을 취하라

어느 날, 대청댐 주변을 산책하던 중이었습니다. 그때 갑자기 마음을 '탁' 치는 듯한 하나님의 음성이 가슴 깊은 곳에서 울려 퍼졌습니다.

"그 땅을 취하라."

"이게 무슨 소리지?"

묵상하며 몇 걸음 더 걷다가 다시 여쭈었습니다.

"하나님, 저에게 어떤 땅을 사라고 하시는 것입니까?"

조금 더 걸어가며 되물었습니다.

"하나님, 어느 땅을 말씀하시는 건가요?"

질문은 계속되었고, 묵상은 점점 깊어졌습니다. 그러다 문득 마음속에 답이 떠올랐습니다.

"아! 교회 옆의 그 땅을 말씀하시는 것이군요."

작은 시골 교회가 위협받는다면, 하나님은 어떻게 지키실까요? 우리 교회는 실제로 그런 중대한 위기를 맞닥뜨렸습니다. 그리고 그 일은 우리 교회에 큰 변화를 일으킨 사건으로 남게 되었습니다.

과거에는 이 마을이 한지 특산지였습니다. 닥나무를 재료로 해서 한지를 만드는 공장이 있었는데, 그 규모는 전국적으로도 유명할 만큼 컸습니다. 그러나 대청호 개발로 인해 공장이 문을 닫은 후, 마을은 점차 쇠락해 갔고, 사람들도 하나둘 떠나면서 빈집만 남게 되었습니다.

그런 이 마을에 활기를 불어넣고자 주민들은 한마음이 되어 한지체험학습장을 세우기로 합의했습니다. 정부에서도 이 마을을 농촌테마마을로 지정하는 등 전폭적인 지원을 약속했습니다. 신설 될 처험장 부지는 교회 바로 옆, 마을 중심부의 땅이 선정되었고, 땅 주인도 흔쾌히 허락했다고 들려왔습니다. 그 소식을 들은 순간, 제 마음은 무너져 내렸습니다.

이미 낡고 초라해진 우리 교회는 새로 지어진 마을회관과 한지 공장 사이에 끼게 될 것이고, 그 모습은 마치 세상 사람들에게 하나님의 이름이 무시당하는 듯한 인상을 줄까 봐 견딜 수 없었습니다. 그날 저는 그 체험장 부지로 예정된 땅 한가운데 주저앉아, 흙바닥에 무릎을 꿇고 하늘을 향해 두 손을 들고 울며 기도드렸습니다.

"하나님, 이 땅에 한지 공장이 들어서지 않게 해 주세요."

그렇게 눈물이 마른 흙 위로 떨어질 만큼 간절한 마음으로 기도했습니다. 그리고 놀라운 일이 일어났습니다. 땅을 내놓기로 했던 주인이 갑자기 마음을 바꾸었다는 소식이 들려왔습니다. 어떤 이유인지는 지금도 알 수 없지만, 그분은 체험장 부지 매도를 철회했고, 결국 한지 체험 공장은 마을 입구, 교회와는 거리가 있는 곳에 세워졌습니다.

그 일은 단순한 우연이 아니었습니다. 저는 하나님께서 이 작은 시골 교회를 지키셨고, 초라한 건물이 사람들 앞에서 조롱당하는 것을 기뻐하지 않으셨다는 것을 믿었습니다.

그 일이 있고 난 후, 우리 교회 강태평 집사님께서 놀라운 제안을 하셨습니다. — 강태평 집사님과 박혜숙 집사님 부부는 충청남도 부여에서 살다가 2001년 대청호 인근으로 이사 오신 뒤부터 지금까지 교회에 출석하고 계십니다. 부부는 물질과 시간을 아끼지 않고, 온 마음을 다해 교회를 섬기셨습니다. 또한 저를 친어머니처럼 살뜰히 챙기고 보살펴 주셨습니다. 말 그대로, 교회와 제게는 보배 같은 분들입니다.

강 집사님께서 하신 제안은, 교회를 새롭게 건축하기 위한 헌금을 모아보자는 것이었습니다. 당시 교회 성도 수는 고작 다섯 명뿐이었지만, 모두가 한 마음으로 그 제안에 동의했고, 기쁜 마음으로 정성을 모으기 시작했습니다. 그 결과, 총 2,500만 원이라는 뜻깊은 헌금이 모였습니다.

교인 수는 적었지만, 하나님과 교회를 향한 성도님들의 마음은 그 어느 곳보다 순결하고 뜨거웠습니다.

건축 비용이 준비된 후, 저와 성도님들은 어떻게 사용해야 할지 고민하며 함께 기도에 힘썼습니다. 교회를 새롭게 짓는 일도 중요했지만, 그보다 먼저 교회의 미래와 사명을 위해 무엇이 필요한지를 분별하고자 했습니다. 그러자 하나님께서는 전혀 예상치 못한 방식으로 길을 열어 주셨습니다.

어느 날, 대청댐 주변을 산책하던 중이었습니다. 그때 갑자기 마음을 '탁' 치는 듯한 하나님의 음성이 가슴 깊은 곳에서 울려 퍼졌습니다.

박혜숙 집사님(십자가 정중앙 아래)과 강태평 집사님(맨 오른쪽)

"그 땅을 취하라."

"이게 무슨 소리지?"

묵상하며 몇 걸음 더 걷다가 다시 여쭈었습니다.

"하나님, 저에게 어떤 땅을 사라고 하시는 것입니까?"

조금 더 걸어가며 되물었습니다.

"하나님, 어느 땅을 말씀하시는 건가요?"

질문은 계속되었고, 묵상은 점점 깊어졌습니다. 그러다 문득 마음속에 답이 떠올랐습니다.

"아! 교회 옆의 그 땅을 말씀하시는 것이군요."

그 땅은 우리 마을에서 가장 좋은 샘물이 솟는 양지바른 곳으로, 오래전부터 마을 사람들이 서로 사고 싶어 하던 귀한 땅이었고 한지 체험장이 들어 설 뻔했던 바로 그곳이었습니다.

교회 옆 땅을 사라는 하나님의 음성을 들은 뒤, 저는 약 1년 동안 기도하며 조용히 그 뜻을 기다렸습니다. 그리고 마침내 때가 되었다는 확신이 들었던 어느 주일, 예배를 마친 뒤 강 집사님께 조심스레 그 이야기를 꺼냈습니다.

"하나님께서 교회 옆 땅을 사라고 말씀하셨습니다. 그런데 우리가 가진 돈은 2,500만 원뿐인데, 어찌하면 좋을까요?"

강 집사님은 잠시 생각하시더니 말씀했습니다.

"목사님 뜻대로 하십시오."

저는 이렇게 대답했습니다.

"하나님의 뜻이어야만 가능합니다. 함께 기도해 보시죠."

강 집사님과 대화를 나눈 후에 기도를 통해 하나님께 몇 번이고 묻는 중에 교회 건물은 천천히 지어도 될 일이었지만, 부지만큼은 먼저 확보해야 한다는 마음이 들었습니다.

당시 교회가 소유한 땅은 80평이었고, 강 집사님께서 기증하신 50평을 더해 모두 130평이었습니다. 교회 형편에 그 정도도 과분했지만, 언젠가 지역 주민들을 위한 공익적 공간을 마련하려면 더 넓은 부지가 필요하다고 생각했습니다.

그렇게 해 두면 후임 목회자께서 오셔서 사역하실 때도 여러모로 도움이 될 것으로 생각했습니다. 그래서 교회 옆 땅을 매입하자고 강 집사님께 제안했더니 기꺼이 동의해 주셨고, 성도님

끊임없이 샘물이 흐르는 땅

들도 마음을 모아 주셨습니다.

매입하기로 한 땅은 모두 250평이었습니다. 당시 마을의 평균 땅값은 평당 4만 5천 원이었지만, 그 땅은 샘물이 끊임없이 흘러나오는 귀한 땅이어서 평당 10만 원까지 치솟았습니다.

결국 하나님의 도우심으로 그 땅 250평을 우리가 가진 2,500만 원으로 딱 맞게 구입할 수 있었습니다. 그리하여 기존의 130평과 새로 구입한 250평을 합쳐 총 380평의 부지를 확보하게 되었습니다.

그 땅은 원래 김씨 가문만이 소유할 수 있는 땅이었습니다. 이 마을은 400년 넘게 김씨 가문이 터를 잡고 살아온 씨족 마을이

복지관 건립의 소망을 품다

었기 때문이었습니다. 게다가 땅 소유주는 여러 곳에 땅을 임대하고 지대를 받을 만큼 형편이 넉넉한 분이었습니다. 그러니 그 땅을 우리에게 팔았다는 것은 사람의 뜻으로는 도저히 설명할 수 없는 일이었습니다. 전적으로 하나님의 역사였습니다.

우리 교회는 저와 평소 가까이 지내던 청주 지역의 영향력 있는 주○○ 목사님으로부터 많은 도움을 받아 왔습니다.

주 목사님은 시무하시는 교회를 통해 여러 차례 쌀과 옷, 생필품 등을 보내 주시며 우리 교회가 마을 주민들을 섬길 수 있도록 꾸준히 지원해 주셨습니다. 그런 주 목사님께서 땅을 매입한 그해 3월, 우리 교회 부지에 건축을 시작해 보자고 제안하셨습니다. 전혀 예상하지 못했던 일이었습니다.

주 목사님은 교회 옆 땅의 샘물이 얼마나 좋은지도 잘 알고 계셨고, 기회가 된다면 그 땅을 꼭 사들이고 싶다고 여러 차례 말씀하셨습니다. 하지만 땅 주인이 팔지 않아 결국 매입하지 못하셔서 무척 아쉬워하셨습니다.

사실 당시 우리 교회는 그 땅을 구입한 이후에도 자금이 모자라 뚜렷한 활용 방안을 찾지 못한 채 보유하고 있었습니다. 그래서 저는 차라리 규모 있는 교회가 이 땅을 잘 활용할 수 있다면 그 또한 하나님의 뜻일 수 있겠다는 마음이 들었습니다.

이 지역에 관심이 많으셨던 주 목사님은, 우리 교회가 그 땅을 매입했다는 소식과 건축이 무기한 보류 중이라는 이야기를 들으시고는 저에게 연락하셔서 이렇게 말씀하셨습니다.

"우리 교회 안수집사님이 건축 일을 하고 계시는데, 그 집사님을 통해 이곳에 건물을 지어보는 건 어떨까요?"

"정말 좋은 생각입니다."

— 저는 하나님께 여쭈어보지도 않은 채, 막연히 품고 있던 제 생각과 일치하는 제안이 오자 그만 마음 가는 대로 즉시 그렇게 대답하고 말았습니다. 지금 돌이켜보면 그것은 큰 실수였습니다. 그 결정은 훗날 제게 큰 어려움으로 돌아왔습니다.

목사님은 조심스럽게 말씀하셨습니다.

"그런데, 큰 비용을 들여 건물을 지을 사람이라면 아무래도 땅도 자기 소유로 하고 싶어 하지 않겠습니까?"

그 말씀을 듣는 순간, 마음 한편에서 뭔가 걸리는 느낌에 바로 결정을 내리기보다 먼저 하나님께 기도드렸습니다.

"하나님, 이 중요한 일을 제가 혼자 결정하지 않도록 도와주세요. 이 일이 주님의 뜻이라면 강 집사님이 기쁜 마음으로 동의하게 해주시고, 주님의 뜻이 아니라면 반대하게 해주세요. 저는 집사님의 반응을 주님의 응답으로 알고 따르겠습니다."

기도 후 강 집사님께 이 이야기를 전했습니다. 집사님은 잠시 생각하시더니 말씀하셨습니다.

"목사님, 목사님 뜻대로 하세요."

그 말씀을 듣고 저는 하나님께서 기도한 대로 응답해 주신 것이라 믿었습니다.

우리는 주 목사님의 의견대로 복지관보다 교회 건축을 먼저 추진하기로 했습니다. 그런데 우리의 계획과는 관계없이 이 지역이 대청댐 상수도 보호구역에 속해 있었기 때문에 기존 건물이 있던 부지에서만 새로운 건축이 가능했습니다. 그래서 기존 건물을 철거하고 기존 건평인 20평을 그대로 유지하는 리모델링 방식으로 새롭게 짓기로 했습니다.

마침 건축을 맡은 집사님께서 아주 예쁜 벽돌 견본을 가져왔고 이 지역에서는 보기 드문 고운 외관으로 교회를 단장해 아름답게 짓기로 했습니다. 그것만으로도 마치 교회를 완공한 듯한 환희가 느껴졌고 모든 일이 일사천리로 진행되는 것처럼 보였습니다.

그런데 막 교회 건축 계획이 구체화되어 기대감이 커지던 그때 캐나다 이민을 불과 며칠 앞둔 강 집사님께서 전화를 걸어오시더니 뜻밖의 말씀을 하셨습니다.

"교회 건축을 안 하는 것이 좋겠습니다."

너무도 뜻밖의 말씀이어서 저는 잠시 황당했습니다. 지금까지 모든 일이 순조롭게 진행되어 왔고 여러 사람의 수고와 헌신이 쌓여 있던 상황이었습니다. 이 시점에서 갑자기 건축을 취소하게 되면 도움을 주셨던 주 목사님이나 건축을 맡은 안수집사님은 큰 손해를 보게 될 뿐 아니라 무엇보다 양 교회가 오랜 시간 쌓아 온 신뢰마저 흔들릴 수 있는 상황이었습니다.

저는 강 집사님께 몇 번이고 상황을 자세히 설명해 드리며 신중히 다시 생각해 주시기를 정중히 부탁드렸습니다. 그러나 강 집사님은 끝내 입장을 굽히지 않으셨습니다.

저는 매우 곤란해 이렇게 말씀드릴 수밖에 없었습니다.

"건축을 취소할 수는 없습니다. 그리고 저는 차마 그분들께 말씀 드릴 수 없습니다. 그렇게 꼭 취소하셔야겠다면 집사님께서 직접 뜻을 전해 주세요."

집사님은 말씀하셨습니다.

"제가 아니라 목사님이 직접 말씀드려야 합니다. 꼭 그렇게 해 주세요."

강 집사님께서 갑자기 건축을 반대하신 이유는 이러했습니다. 해당 부지는 개척 초기 땅 주인이 매입한 후 교회 건물만 세웠을 뿐, 소유권 이전이 명확히 이루어지지 않은 상태였습니다. 게다 가 땅 주인은 이미 오래전에 소천하셨기 때문에 훗날 그 자손들 이 선친이 매입한 땅을 돌려달라고 요구할 경우, 등기상 교회 소 유가 아니어서 법적으로 반환할 수밖에 없다는 점을 우려하신 것이었습니다. 즉, 그 부지는 교회가 40년 넘게 실질적으로 사용 해 온 공간이었지만, 법률적으로는 교회 명의로 등기되지 않아 향후 소유권 분쟁의 가능성이 존재한다는 것이었습니다.

강 집사님께서 제기하신 문제는 매우 현실적이고도 중대한 사 안이었습니다. 우리가 미처 확인하지 못했던 땅의 소유권 문제 는 단순히 건축을 보류할 문제가 아니라 반드시 해결책을 찾아 야 하는 본질적인 과제였습니다.

그 사실을 직면하고 나니 마음이 답답하고 숨이 막힐 듯했습니다. 이미 공사를 중단할 만한 명백한 문제가 드러났고, 앞으로 더 큰 어려움이 뒤따를 수 있다는 부담감이 짓눌렀습니다. 그럼에도 도움을 주셨던 주 목사님과 안수집사님께 공사를 멈추자고 말씀드리는 일은 인의적으로 너무나 어려운 일이었습니다. 그 어느 쪽의 입장을 따르더라도 쉽지 않은 결단이었습니다.

마치 앞에는 홍해가, 뒤에는 애굽의 군대가 다가오는 광야 한복판에 선 이스라엘 백성처럼 막막하기만 했습니다. 그래서 하나님께 매달려 간절히 기도드렸습니다. 기도하는 가운데, 제 마음속 깊은 곳에서 이런 생각이 떠올랐습니다.

"강 집사님은 오랜 세월 교회를 위해 헌신해 오신 분이다. 캐나다로 떠나는 마지막 순간에 상처를 안고 가시게 할 수는 없다. 차라리 내가 욕을 먹더라도 건축은 멈추자."

그렇게 결론을 내렸지만, 주 목사님을 찾아가 직접 말씀드리는 일은 쉽지 않았습니다. 마음을 다잡고 어렵게 목사님을 찾아뵈어 법적인 문제가 있어 건축을 진행하기 어렵게 되었다고 조심스레 말씀드렸습니다. 목사님은 실망과 섭섭함을 감추지 못하시며 말씀하셨습니다.

"목사가 어찌 집사에게 이리저리 휘둘릴 수 있습니까?"

그 말씀이 뼈아프게 다가왔지만, 고개를 숙이고 진심으로 사과드릴 수밖에 없었습니다. 그동안 헌신해 주신 목사님과 안수집사님의 노력이 허사가 되는 상황이었기에 마음은 더욱 무거웠습니다. 잠시 침묵하시던 목사님은 단호히 말씀하셨습니다.

"이제 와서 성전 건축을 포기해선 안 됩니다. 복지관은 못 짓더라도 교회만큼은 반드시 새로 지어야 합니다."

그러나 그때 우리 교회는 새 건물을 지을 만한 재정이 전혀 없었습니다. 애초에 건축을 위해 모았던 2,500만 원은 이미 교회 옆 부지를 매입하는 데 모두 사용한 상태였고, 교회 계좌에 남아 있던 예금은 약 3,000만 원뿐이었습니다. 그 정도의 예산으로는 교회 건축이 사실상 불가능했습니다.

주 목사님께 다시 도움을 요청하는 것도 염치없는 일처럼 여겨졌고 빚을 내는 것 역시 마음에 걸렸습니다. 설령 빚을 낸다 해도 산골 교회 목사를 위해 기꺼이 큰돈을 빌려줄 만한 은행이나 사람이 있을 것 같지 않았습니다. 건축을 계속해야 할지, 멈춰야 할지를 놓고 마음은 날마다 흔들렸습니다. 끝없는 고민 속에서 몸은 점점 야위어 갔습니다. 현실의 벽 앞에서 교회 건축을 포기해야겠다는 결심을 굳히려던 순간, 사역하는 동안 마을을 전도하며 들었던 말들이 불현듯 머릿속을 스쳤습니다.

"예수 믿으면 더 가난해지던데, 그게 무슨 복이야?"

"하나님이 계신다는 교회 꼴이 왜 저래?"

"그따위로 사는 걸 보면 하나님 같은 건 없는 거야."

낡고 초라한 교회 외관 때문에 하나님의 이름까지 조롱받고 무시당하던 순간들이 생생하게 떠올랐습니다. 그런 말을 들을 때마다 저는 가슴이 많이 아팠습니다.

교회를 새롭게 짓겠다고 선포해 놓고 이제 와서 아무 일 없다는 듯이 포기해 버린다면 사람들은 또다시 하나님을 비웃고 교회를 경멸할 것이 분명했습니다. 하나님의 이름이 다시는 조롱받지 않도록 어떤 대가를 치르더라도 교회를 꼭 세워야 한다는 각오가 마음 깊이 자리 잡았습니다.

그래서 저는 큰 결단을 내렸습니다. 젊은 시절 사업에 힘써 모아 두었던 자금과 목회하면서 은퇴 후 살 방 한 칸이라도 마련하려고 아껴 두었던 돈을 모두 하나님의 전을 짓는 일에 바치기로 했습니다. 그 돈은 주님께서 사용하시기 위해 미리 준비해 두신 것이라 믿으니, 마음이 담대해졌습니다.

모든 형편을 주님의 손에 맡기고 하나님의 인도하심을 따라 교회 건축을 다시 시작하기로 하였습니다. 하지만 이전에 함께 공사를 진행하시던 주 목사님은 더 이상 저를 예전처럼 반갑게 맞아 주지 않으셨습니다. 건축 철회로 인해 신뢰에도 금이 간 것은 물론, 목사님도 사람인지라 마음에 깊은 서운함이 남은 듯한 눈치였습니다.

건축을 다시 시작하겠다는 뜻을 전하려 여러 차례 전화드렸지만, 집회 일정이 계속되어 만나기 어렵다는 답만 돌아왔습니다. 결국 저는 집회 장소까지 직접 찾아갔습니다. 점심시간을 틈타 어렵게 목사님을 찾아뵙고 간곡히 부탁드렸습니다.

"안수집사님께서 목사님의 허락 없이는 공사를 시작할 수 없다고 하십니다. 부디 교회만큼은 건축하게 해 주세요."

목사님은 잠시 미소를 지으시며 말씀하셨습니다.

"뭐 하러 일부러 힘들게 오셨어요. 전화로 내용을 남겨 주시지요. 그런데 건축 준비는 다 된 건가요?"

목사님은 우리 교회의 형편을 누구보다 잘 아셨기에, 그 말씀을 하시면서도 여러 생각이 스치셨던 듯했습니다. 그동안 마음속에 남아 있던 오해도 자연스레 풀렸습니다. 목사님께서 안수집사님과 다시 연결될 수 있도록 도와주셔서 교회 공사를 새롭게 시작할 수 있었습니다.

공사가 다시 시작될 무렵, 강 집사님은 예정대로 캐나다로 이민을 떠나셨습니다. 든든한 동역자가 떠나고 나니 마음 한편이 허전했고, 사실상 혼자서 교회 건축을 감당해야 하는 상황이 되었습니다.

그즈음, 과거에 우리 교회를 방문했던 한 무명의 성도께서 연락을 주셨습니다. 기독교 방송 프로그램의 인터넷 게시판에 우리 교회의 이야기와 처한 형편을 소개하는 글을 올렸다는 내용이었습니다. 저는 그 말을 들으면서도 인터넷이나 기독교 방송 같은 것은 제 생활과는 무관한 전혀 다른 세상 이야기처럼만 들렸습니다. 그래서 형식적으로 감사 인사만 전한 뒤 곧 잊어버렸습니다.

그러나 그 일이 훗날 어떤 놀라운 일로 이어질지는 전혀 알지 못했습니다.

"하나님, 어느 땅을 말씀하시는 건가요?"

12. 새롭게 하소서

교회 건축이 한창이던 어느 날, CBS 방송국의 한 프로듀서로부터 전화가 걸려왔습니다.

"『새롭게 하소서』 프로그램에 출연해 주실 수 있을까요?"

CTS 기자님은 『새롭게 하소서』 프로그램을 보시고 감동을 받았다며, 그 방송에서 미처 다루지 못한 부분들을 CTS 『7000미라클 땅끝으로』라는 프로그램에서 조명하고 싶다고 하셨습니다.

교회 건축이 한창이던 어느 날, CBS 방송국의 한 프로듀서로부터 전화가 걸려 왔습니다.

"『새롭게 하소서』 프로그램에 출연해 주실 수 있을까요?"

저는 당황한 마음으로 되물었습니다.

"CBS요? 새롭게 뭐요? 그게 어떤 방송입니까? 그리고 저희 교회를 어떻게 아셨나요?"

PD님은 한 시청자가 방송 프로그램의 인터넷 게시판에 소전교회 이야기를 올렸고, 그 글을 보고 연락드리게 되었다고 설명했습니다. 그제야 오래전에 우리 교회를 방문했다가 인터넷 게시판 이야기를 하셨던 그 무명의 성도님이 떠올랐습니다.

하지만 저는 기독교 방송에 대해 거의 아는 바가 없었습니다. 이곳은 워낙 산골이라 라디오 주파수조차 잘 잡히지 않았고, 텔레비전도 제대로 나오지 않았기 때문에 밤 9시 뉴스를 보는 것이 전부였습니다. 미디어는 제 삶과는 거의 무관한 영역이었습니다. 그래서 방송 출연 제안은 현실적으로 와닿지 않았고, 저에게는 너무 큰 부담으로 느껴졌습니다. 결국 정중히 출연을 사양하였습니다.

그 일 이후 문득 돌아보니 세상은 이미 훨씬 편리하고 빠르게 움직이고 있었습니다. 저는 너무 오랜 시간 고립된 환경에 익숙해져 있었던 것이었습니다. 그래서 마음을 열고 위성 안테나를 설치하고, 인터넷이라는 것도 조금씩 알아가기 시작했습니다. 비록 느린 걸음이었지만 세상과 연결되는 창이 하나둘 열려 가고 있었습니다.

『새롭게 하소서』 방송팀은 제게 여러 차례 더 연락을 해오셨습니다. 인터뷰 요청을 계속 거절하는 것도 미덕이 아닌 것 같아서 마지못해 승낙했습니다.

방송 출연을 약속한 날이 되어 CBS 방송국으로 향했습니다. 오랜만에 다시 찾은 서울은 무척 낯설었습니다. 급격히 변한 도시의 모습 속에서 어디가 어딘지 알 수 없었습니다. 길을 잃고 한참을 헤매며 마음이 조급해지기도 했지만, 지나가는 이들의 도움으로 무사히 방송국에 도착해 인터뷰를 차분히 마쳤습니다. 돌이켜보면 분주하고 긴 하루였지만 평생 잊지 못할 경험으로 남았습니다.

얼마 후 CBS『새롭게 하소서』를 통해 소전교회 이야기가 전국으로 전파되었습니다. 방송이 나간 뒤 상상도 못 했던 일들이 벌어졌습니다. 전국 각지에서 축하 전화와 격려의 말씀들이 쏟아졌고, 심지어 미국에서도 연락이 왔습니다. 그렇게 큰 파급력이 있는 방송일 줄은 몰랐기에, 예기치 못한 반응과 관심이 당황스럽고 민망하기도 했습니다.

놀랍게도 방송을 시청한 뒤 큰 은혜를 받았다며 계좌번호를 물어 오신 이름 모를 많은 형제자매들께서 사랑의 마음을 담아 후원 헌금을 보내주셨습니다. 그 무렵은 교회 내부 공사가 한창 진행 중이던 시기로, 예상보다 늘어난 공사 비용 때문에 물질적으로 가장 어려운 시기였습니다.

가장 어려운 시기에 방송을 통해 후원 헌금이 이어졌고, 그 사랑의 손길을 통해 하나님께서 모든 필요를 채워 주셨습니다. 지금도 저는 그 은혜를 기억하며, 도움을 주신 분들 한 분 한 분을 위해 감사의 기도를 드리고 있습니다.

그 일을 겪으며 저는 엘리야 선지자가 그릿 시냇가에 머물며 까마귀를 통해 떡과 고기를 공급받았던 말씀이 떠올랐습니다. 때를 따라 공급하시는 하나님께서 여러 방법을 통해 역사하시는 것은 물론이고, 우리의 필요를 반드시 책임져 주신다는 것을 몸소 체험했습니다. 하나님의 계획은 늘 정확하고 변함없이 신실하다는 것을 다시 한번 깊이 깨달았습니다.

CBS『새롭게 하소서』방송이 나간 뒤 얼마 지나지 않아 CTS라는 또 다른 방송국에서도 연락이 왔습니다. CTS 기자님은『새롭게 하소서』프로그램을 보시고 감동을 받았다며, 그 방송에서 미처 다루지 못한 부분들을 CTS『7000미라클 땅끝으로』라는 프로그램에서 조명하고 싶다고 하셨습니다.

그러나 사실 저는 CTS 방송에 대해서도 전혀 알지 못했고, 자랑할 것도 없고 오히려 못난 것투성이인 제가 방송에 나간다는 것이 무슨 의미가 있을까 하는 생각에 여러 차례 거절했습니다. 그럼에도 기자님은 포기하지 않고 우리 교회의 이야기를 꼭 방송으로 전하고 싶다고 하셨습니다. 하지만 저는 또 한 번의 방송 출연에 확신이 들지 않았습니다.

목회하며 겪은 일 대부분이 고난과 외로움뿐이었고, 그나마 잘한 일이라면 여느 목회자들처럼 하나님 앞에서 성도님들을 위해 눈물로 기도한 것뿐이었습니다. 그런 목회자의 당연하고 평범한 일상이 방송의 소재가 된다는 것은 제게는 낯설고도 부담스러운 일이었습니다. 그래서 CTS 기자님에게 솔직한 심정을 털어놓았습니다.

"세상에 저보다 훨씬 훌륭한 목회자들도 많고 더 크게 부흥한 교회들도 많은데, 저는 기껏해야 몇 명 전도한 일을 두 번이나 방송에 내보내는 것이 솔직히 마음에 부담이 됩니다. 자격지심일 수도 있겠지만 지금은 방송에 나설 자신도 준비도 되어 있지 않습니다. 그래서 정중히 말씀드립니다. 이번 요청은 받아들이기 어려우니 더는 연락 주지 마세요."

그럼에도 기자님의 간청은 계속되었고, 저는 그것을 하나님의 강권하심이라 여기며 결국 출연 제의를 수락했습니다. 마지못해 응한 두 번의 방송 출연 또한 하나님의 크신 계획 안에 있었음을 깨달았습니다. 그 당시에는 보잘것없고 부끄럽게만 여겨졌던 저의 사역과 생활 모습, 그리고 인터뷰 내용이 방송을 통해 소개된 뒤, 누군가에게는 그것이 복음의 씨앗이 되었다는 사실을 나중에야 알게 되었기 때문이었습니다.

TV 방영 이후 시청자 소감 중 일부는 제 마음을 깊이 울렸습니다. 그중에서도 대표적인 두 가지 사연은 특히 마음에 와닿았는데, 간략하게나마 소개해 보도록 하겠습니다.

한 여성 교사분은 결혼 전에는 교회를 잘 다녔지만, 결혼 후에는 시댁 식구들과 함께 어쩔 수 없이 천주교에 다니고 있었다고 했습니다. 그런데 우연히 CBS 방송을 시청하고 큰 감동을 받아 남편과 시어머니에게도 함께 시청하자고 권했는데, 두 분 모두 그 방송을 통해 복음을 받아들이고 회심하셨다고 합니다. 그 후에는 온 가족이 함께 교회에 출석하고 있다고 전해왔습니다.

또 다른 사연은 서울에 사시는 한 자매님의 이야기였습니다. 그분은 남편과의 갈등으로 이혼까지 결심했다고 했습니다. 남편이 결혼하기 전에는 교회에 같이 다니겠다고 약속했지만, 막상 결혼한 후에는 교회에 전혀 나가려 하지 않았기 때문이라고 했습니다. 그러던 어느 날, 평소처럼 틀어 두었던 CBS 채널에서 우연히 소전교회 이야기가 방송되고 있었다고 했습니다.

남편은 처음엔 무심코 시청하다가 점점 이야기에 몰입했고, 방송이 끝날 무렵엔 큰 감동을 받았다고 했습니다. 그 일을 계기로 남편은 다시 교회에 출석하게 되었고, 부부는 서로의 이해와 사랑을 회복해서 지금은 평안한 가정을 이루었다고 했습니다.

그 외에도 많은 분들이 방송을 통해 소전교회 같은 작은 교회 안에서도 하나님께서 여전히 살아 역사하신다는 사실을 확인하며, 신앙의 위로와 도전을 받았다고 했습니다. 그렇게 소전교회가 하나님의 영광을 드러내는 통로로 쓰임 받을 수 있었다는 사실만으로도 그저 감사할 따름이었습니다.

섭외 요청을 여러 차례 사양했던 저를 끝까지 설득해 방송에 세워 주신 PD님들께 감사한 마음을 전합니다. 때마다 비록 적은 금액이지만, CBS와 CTS 두 방송국에 선교 후원하며 제가 방송을 통해 입은 은혜를 다시 흘려 보내고 있습니다.

나의 하나님께서 그리스도 예수 안에서 영광 가운데

그 풍성하신 대로 너희 모든 쓸 것을 채우시리라

(빌립보서 4:19, 개역개정)

출연 방송 안내

CBS『새롭게 하소서』
제8980회 "내 비록 열매는 없을지라도" 편

CTS『7000미라클 땅끝으로』
제29회 "메마른 땅에 생기를, 이상금 목사" 편

13. 그 사실이 무척 기뻤습니다

불신자든 신자든 교회를 둘러보며 감탄했습니다.

"정말 예쁘게 잘 지었네요."

"교회가 참 품격 있어요."

그 모습을 보며 새로 지은 교회를 통해 하나님의 영광이 드러나는 것을 분명히 느꼈습니다. 그 사실이 무척 기뻤습니다.

　방송에 출연 하랴, 교회 건축도 진행하랴 갑자기 바빠진 탓에 정신이 없던 그 시기에도 성전 건축은 하나님께서 감독하시는 가운데 순조롭게 진행되었습니다.

　교회는 애초 계획했던 20평 규모에서 45평으로 확장하여 짓기로 했습니다. 그로 인해 건축비는 예상보다 훨씬 더 많이 들었지만, 하나님께서는 단 한 푼의 빚도 지지 않도록 인도하셨고 공사가 마무리될 때까지 모든 비용을 제때 지급할 수 있게 하셨습니다.

　생각지도 못한 방송 출연 등 시기마다 하나님께서 예비하신 온정의 손길을 보내 주셨기에, 건축 비용을 온전히 감당할 수 있었던 것이었습니다.

　건축 헌금으로 드리기 전까지만 해도 노후를 대비해 모아 두었던 돈은 당연히 제 것이라 여겼습니다. 내 생명이 하나님의 손에 달려 있다는 사실은 믿고 있었지만, 삶의 주인이 하나님이시라면 재물 또한 그분의 것이라는 단순한 진리를 마음으로는 온전히 받아들이지 못했습니다.

　그러나 장롱 깊숙이 숨겨 두었던 그 돈을 주님께 드리는 순간, 하나님께서는 제가 상상하지도 못했던 더 크고 놀라운 축복으로 응답해 주셨습니다.

　사실 건축을 막 시작하려고 했을 무렵, 친한 권사님께서 저를 염려하는 마음으로 이런 조언을 해주셨습니다.

　"목사님, 사례비까지 털어가며 교회를 짓지는 마세요. 건축 시작할 땐 너도나도 도와줄 것처럼 하지만, 막상 건축이 진행되기 시작하면 돕겠다던 사람들이 나 몰라라 해서 더 힘들어진다고 교회 건축해 보신 목사님이 그러시더라고요.”

하지만 저는 이미 하나님께 약속드린 일이었기에 그 말씀을 마음에 두지 않았고, 흔들리지 않았습니다.

내 모든 것을 드리겠다는 결단을 통해 분명히 깨달은 것은, 하나님께서 진정 원하시는 것은 물질 그 자체가 아니라, 그것을 드리는 진실한 마음이라는 사실이었습니다. 생명뿐만 아니라 제가 가진 모든 것이 하나님께 속해 있음을 인정하는 고백을 하나님께서는 기쁘게 받아 주셨습니다. 우리 마을은 여름철마다 비가 잦은 지역이었습니다. 그런데 교회 건축 공사가 진행되는 동안에는 단 한 차례도 비가 내리지 않았습니다. 그 일을 지켜보던 마을의 한 어르신이 말씀하셨습니다.

“하나님이 소전교회 잘 짓게 하시려고 비를 멈추셨네.”

그리고 공사 마무리 단계에 화단 나무를 심으려던 즈음부터 비가 내리기 시작했습니다.

그분은 다시 말씀하셨습니다.

“이번엔 하나님이 나무 잘 자라라고 비를 내려주시는 거야.”

이러한 일들을 계기로 마을 사람들도 교회에 조금씩 마음을 열기 시작했습니다. 간접적으로나마 하나님의 존재를 긍정적으로 인식하고 표현하는 모습을 보이기 시작한 것입니다. 그 변화는 참으로 가슴 뭉클하고 눈물겨운 일이었습니다.

그뿐만 아니라 교회를 탐탁지 않게 여기며 공개적으로 불편한 감정을 드러내던 분들조차, 수확한 농산물을 교회에 가져다주는 일이 잦아졌습니다. 비록 예배에 참여하지는 않았지만, 이제는 교회 가족처럼 정을 나누며 지내게 되었습니다. 그런 상황 속에서 저는 문득 이런 생각을 하기도 했습니다.

"이제는 조금 덜 힘들게 목회할 수 있지 않을까?"

2010년 7월, 마침내 교회가 완공되었습니다.

말로 다할 수 없는 감격이 밀려왔습니다. 수많은 눈물과 기도의 시간이 떠올랐고, 공사 중단과 재개의 갈림길마다 붙들어 주신 하나님의 손길이 새삼 떠올랐습니다. 사람의 힘으로는 도저히 불가능했던 일이기에, 더욱 벅찬 마음으로 무릎을 꿇을 수밖에 없었습니다. 이 모든 과정은 오직 하나님의 은혜였습니다. 모든 영광을 하나님께만 올려드렸습니다.

새로 지은 교회는 고운 빨간 벽돌로 외장을 마감하고, 내부는 소나무로 단정히 꾸몄으며, 천장은 노아의 방주를 연상케 하는 아름다운 곡선 구조로 지었습니다.

건축 당시, 저는 직접 그린 설계도대로 시공을 요청했습니다. 다행히 시공업자께서도 제 의도를 충분히 이해해 주시고 정성껏 공사를 진행해 주셨습니다.

빨간 벽돌 외장으로 단정히 지어진 소전교회

저는 마을 사람들 사이에 퍼져 있던 하나님을 가볍게 여기고 무시하던 분위기를 떠올리며, 주님께 정말 아름다운 옷을 지어 드리고 싶은 간절한 마음으로 설계했습니다. 그 설계의 진정한 의도는 무엇보다 하나님의 존귀하심을 이 교회를 통해 드러내고자 한 것이었습니다.

교회 대문은 언제나 활짝 열어 두었습니다. 예전에는 마을 청년들이 교회에 쳐들어오거나 창문에 돌을 던지는 일이 잦아 교도소처럼 담장을 높이 쌓을 수밖에 없었지만, 새 성전은 담장을 낮추고 밖에서도 교회 안이 훤히 보이도록 개방했습니다.

담장을 낮추자, 마을 사람들은 교회 정원을 배경으로 사진을

밖에서도 내부가 훤히 보이도록 낮춘 담장

찍기 위해 자연스럽게 교회 안으로 들어오곤 했습니다. 그때부터 교회는 한층 더 열린 공간이 되었습니다.

정원에는 예쁜 꽃들을 심고 주목 열 그루를 세워 정성껏 가꾸었으며, 사시사철 다양한 꽃들이 교회 마당을 물들일 수 있도록 아름답게 꾸몄습니다.

불신자든 신자든 교회를 둘러보며 감탄했습니다.

"정말 예쁘게 잘 지었네요."

"교회가 참 품격 있어요."

그 모습을 보며 새로 지은 교회를 통해 하나님의 영광이 드러나는 것을 분명히 느꼈습니다. 그 사실이 무척 기뻤습니다.

교회를 새로 짓고 난 후, 마을 사람들과의 관계에도 변화가 생겼습니다. 예전에는 제가 먼저 인사를 건네도 그저 고개만 끄덕이던 마을 사람들이, 어느새 먼저 인사를 건네며 따뜻한 미소를 지어 보였습니다. 젊은 사람들까지 먼저 고개 숙여 인사할 정도로 분위기가 완전히 달라졌습니다.

몇몇 마을 사람들은 이렇게 말씀하셨습니다.

"교회가 살아 있네요."

"하나님은 정말 살아 계시네요."

캐나다로 이민을 가셨다가 잠깐 들어 오신 강 집사님도 이런 모습을 보시며 말씀하셨습니다.

"교회를 새로 짓고 난 이후부터 마을 사람들이 하나님의 존재를 믿는 것 같아요."

집사님의 말씀처럼 그것은 분명 놀라운 변화였고, 감격스러웠습니다. 저는 그 변화가 하나님께서 마을 사람들의 마음을 여시기 시작한 귀한 시작이라고 믿었습니다. 그들이 하나님의 존재를 인정하는 데서 멈추지 않고, 예수님을 구주로 고백하며 구원에 이르기까지 나아가기를 소망하며 그들의 구원을 위해 계속 기도했습니다. 강 집사님은 매년 귀국하실 때마다 잊지 않고 건강식품과 생필품을 가져오셨습니다. 한국에 머무시는 동안에는 집사님의 사업장에서 마련한 생필품과 식자재를 박스째 보내 주셔서, 저는 그것을 마을 주민들과 교회 성도님들에게 함께 나누어 드릴 수 있었습니다. 그리고 늘 이렇게 말씀하셨습니다.

봉헌 예배 모습

"교회는 나누는 곳이어야 됩니다."

강 집사님은 제게 아들과도 같은 분입니다. 비록 혈연은 아니지만, 늘 곁에서 함께하며 사역의 가장 큰 버팀목이 되어 주셨습니다. 하나님께서도 그분의 헌신과 교회에 대한 사랑을 누구보다 잘 알고 계실 것입니다.

교회를 건축하고 뜻밖의 변화도 있었습니다. 전혀 예상치 못한 일이었습니다. 교회를 새로 짓기 전에는 기도하러 오신 방문객들이 돌아가실 때 헌금함에 조용히 헌금을 놓고 가시는 일이 종종 있었습니다. 아마도 작고 부족한 시골 교회의 모습을 안타깝게 여기신 궁휼한 마음 때문이었을 것입니다.

봉헌 예배 모습

그런데 교회를 새로 짓고 난 뒤부터는 상황이 조금 달라졌습니다. 방문객들은 교회를 정말 예쁘게 잘 지었다고 하시며 칭찬은 아끼지 않으면서도, 헌금함은 그냥 지나치는 일이 많아졌습니다. 아마도 교회를 단정하고 아름답게 지어 놓으니, 교회 형편이 제법 좋은 줄로 오해하신 듯했습니다.

예전에는 교회 외관이 너무 낡고 초라해서 하나님의 이름까지 가볍게 여겨질까 마음이 아팠습니다. 하나님은 모든 것을 가지신 존귀하신 분이시니, 그분의 집 역시 그에 걸맞은 품격을 갖추어야 한다고 믿었기 때문이었습니다.

그러나 새로 지은 교회를 보고 누구나 예쁘고 품위 있게 지었다고 말해 주니, 마음이 뿌듯했습니다. 비록 헌금은 줄었지만, 하나님의 영광은 더욱 빛났고 제 심령은 오히려 더 부요해졌습니다. 하나님의 집을 새로 짓는 일은 마치 다윗이 법궤를 옮겨올 때처럼 기쁨으로 가득한 일이었기에, 저는 사람들에게 종종 이 이야기를 우스갯소리로 덧붙이곤 했습니다. 듣는 이들도 유쾌하게 받아 주며 함께 웃었습니다.

그러나 교회를 새로 건축했다고 해서 모든 일이 순조롭게 풀린 것은 아니었습니다. 교회는 그 시기에 마치 썰물처럼 성도님들이 빠져나가는 아픔을 겪어야 했습니다.

교회의 기둥 같은 존재였던 강 집사님은 다시 캐나다로 돌아가셨고, 또 한 집사님은 여전히 교회에 마음을 열지 않은 몇몇 마을 사람들의 눈치와 압박에 시험이 들어 교회를 떠나셨습니다. 연로하신 집사님 한 분은 아들이 양로원으로 모셔 갔습니다. 그 외에도 한 사람, 두 사람씩 피치 못할 사정으로 자리를 비우거나 마을을 떠나기 시작하더니, 결국 성도가 단 한 명도 남지 않게 되었습니다.

예쁘게 지어진 교회에 정작 성도 한 사람 없게 되자, 교회로서의 기능과 역할은 멈춰 버렸습니다.

그 무렵 새 건물에 쏠린 관심을 못마땅하게 여기던 몇몇 마을 사람들은 마음을 닫은 채 이런 말을 퍼뜨리기 시작했습니다.

"목사가 교인들 돈을 뜯어서 교회만 잘 지어놓고, 교인들은 다 쫓아냈다더라."

"교회는 참 예쁜데, 교인이 하나도 없네."

안 그래도 허탈한 마음을 비집고 들어온 비난과 유언비어는 제게 큰 상처가 되었습니다. 더 고통스러웠던 것은, 그 말들 가운데 교인이 하나도 없다는 말이 명백한 사실이었기 때문이었습니다. 거친 말투와 비아냥거림은 분명 잘못된 태도였지만, 그 안에 담긴 내용이 전혀 틀린 말은 아니었기에 더욱 가슴 아프고 부끄러웠습니다. 그런 현실 앞에서 억울하고 답답한 마음을 그저 묵묵히 견뎌야 했습니다.

그렇게 1년 반 동안 하나님은 단 한 사람의 성도도 허락하지 않으신 채, 처음 이 교회에 부임했을 때처럼 홀로 예배하게 하셨습니다. 모든 것이 제자리로 돌아간 듯했습니다.

그러나 목회자로서 맡은 자리에서 해야 할 일은 여전히 같았습니다. 새벽 예배, 수요 예배, 주일 예배까지 한 번도 빠짐없이 정해진 시간에 예배당 불을 밝히고 하나님 앞에 홀로 무릎을 꿇었습니다.

비록 예배당엔 한 사람도 없었지만, 예배는 결코 끊기지 않았습니다. 홀로 드리는 예배가 외롭지 않았다면, 그것은 분명 거짓말일 것입니다. 텅 빈 예배당에서 찬송을 부르고 기도를 올리며, 독백 같은 설교를 전하던 순간에는 막막함과 쓸쓸함이 마음 깊은 곳까지 스며들었습니다.

하지만 시간이 흐르며 이상하게도 마음이 점점 편안해졌습니다. 사람들의 비난과 빈정거림도 더 이상 들리지 않았습니다. 주님 앞에 앉아 있으면 그저 고요했고, 그 고요 속에서 평안을 누릴 수 있었습니다. 지금 돌아보면, 그 모든 시간은 하나님께서 부족한 저를 끝까지 붙들어 주신 은혜였습니다.

교인이 없어도 예배는 멈춰서는 안 된다는 그 믿음 하나로 버텨 낸 시간.

그때가 제 목회 인생에서 하나님께 가장 충성된 시간이었습니다. 아무도 없던 예배당 한가운데서, 하나님은 저를 훈련시키셨고, 끝까지 예배하는 사람으로 세워 주셨습니다.

14. 내려놓음

그러나 사랑과 긍휼이 풍성하신 하나님께서는 제 생각과는 전혀 다르게 역사하셨습니다. 하나님께서 제 마음을 감동시키셨고, 저는 결국 순종함으로 그 재물을 주님께 온전히 내어 드릴 수 있었습니다.

그리하여 하나님께서는 무너져 가던 소전교회를 다시 세우시고, 교회를 통해 복음의 빛이 다시 퍼져 나가게 하셨습니다. 하나님은 저의 '내려놓음'을 통해 영광 받기를 원하셨던 것입니다.

2014년, 우리 마을에 매우 특별한 일이 일어났습니다. 정부에서 전국 8도 중 가장 오지에 있는 마을을 선정하여 태양광·태양열·지열 가운데 두 가지 이상을 무상으로 설치해 주는 사업을 시작했는데, 놀랍게도 그 대상지로 우리 마을이 선정된 것이었습니다.

지원사업으로 설치 가능한 항목은 지열과 태양열 또는 태양광과 태양열 중 하나였고, 이 가운데 지열과 태양열은 지하 100미터 이상을 굴착해야 하는 고비용 공사로, 겨울철 난방까지 가능한 첨단 시스템이었습니다. 교회는 하나님의 은혜로 지열과 태양열 공사 그룹에 선정되었습니다.

애초 공사 순서는 공동 건물인 마을회관이 우선이었고, 그다음이 교회로 정해져 있었습니다. 그러던 중 농촌진흥청의 고위 공무원들이 마을을 방문하게 되었습니다. 공사를 기념하는 관례적인 방문이었지만, 고위 인사들의 방문인 만큼 마을 측에서도 기본적인 의전이 필요했고, 마을회관 외에는 손님을 맞이할 변변한 장소가 없었습니다.

그런데 회관 공사는 지열 구멍을 여섯 개나 뚫어야 하는 대규모 작업이어서 공사가 진행되는 동안 회관을 사용하는 것이 사실상 불가능한 상황이었습니다. 결국 이러한 사정을 고려해 공사 일정이 조정되는 바람에, 교회가 마을에서 가장 먼저 지열 공사를 진행하게 되었습니다. 그런데 공사를 시작한 지 얼마 되지 않아, 예상치 못한 문제가 발생했습니다.

지열 설비를 설치하기 위해 지반을 100미터 가까이 뚫던 중, 지하수의 압력이 지나치게 강해서 마을 공동 우물에 흙탕물이 유입될 우려가 생긴 것이었습니다.

공사는 즉시 중단되었고, 작업자들도 난감해하며 더 이상 진행이 어렵다는 입장을 전해왔습니다. 아무것도 손쓸 수 없는 상황 속에서, 저는 그저 늘 해오던 대로 하나님 앞에 무릎을 꿇고 간절히 기도드릴 수밖에 없었습니다. 그렇게 열흘쯤 지났을 무렵, 기도 중 마음 깊은 곳에 강한 감동이 찾아왔습니다.

"공사를 계속해도 우물에는 아무런 영향이 없을 것이다."

그 감동을 하나님의 말씀이라 믿고, 저는 공사 담당자에게 조심스럽지만 확신에 찬 목소리로 전했습니다.

"하나님께서 괜찮다고 하셨습니다. 공사를 재개해 주세요."

놀랍게도 담당자와 작업자들은 제 말을 듣고 아무런 반대 없이 공사를 다시 시작했습니다. 공사는 순조롭게 이어지는 듯했지만, 얼마 지나지 않아 마침내 일이 벌어졌습니다. 지하 깊은 곳에서 갑작스레 엄청난 압력이 터져 나오며, 두 줄기의 검붉은 흙탕물이 하늘로 솟구쳤습니다. 현장은 순식간에 긴장감으로 뒤덮였고, 작업자들은 화들짝 놀라 외쳤습니다.

"우물에서 터진 거 아닙니까?"

"큰일 난 거 아닌가요?"

그러나 놀랍게도, 그 물은 우물에서 솟아오른 것이 아니라, 교회에서 약 50미터 떨어진 한 밭에서 터진 것이었습니다. 그 밭에서 일을 하고 있던 주인이 놀라 소리쳤습니다.

"스톱! 스톱!"

저도 놀라 함께 외쳤고, 인부들 역시 신속히 기계를 멈췄습니다. 순간, 모두의 시선이 땅을 향했습니다. 잠시 후 작업자들이 안도의 숨을 내쉬며 말했습니다.

"우물에서 터졌으면 정말 큰일 날 뻔했는데, 다행히 밭에서 터졌네요. 이거 정말 기적입니다."

그제야 현장의 긴장이 풀렸고, 남은 공사도 이어갈 수 있었습니다. 결국 지열 공사는 아무 탈 없이 마무리되었습니다.

그날을 돌아보면, 하나님의 손길이 분명하게 느껴졌습니다. 무엇보다, 여전히 불안한 마음을 품고 있던 작업자들이 제 요청을 받아들여 공사를 재개한 일 자체가 이미 하나님의 역사였습니다. 그들의 마음이 움직이지 않았다면, 공사를 다시 시작할 수조차 없었을 것입니다. 그리고 우물이 아닌 밭에서 압력이 터져 나온 것 역시 하나님의 철저한 보호하심이었습니다. 모든 상황 속에서 하나님께서 일하고 계셨음을 저는 똑똑히 보았습니다.

당시 마을 우물 주변에는 지열 공사를 앞둔 가구가 다섯 채 있었습니다. 그중 가장 먼저 공사를 시작한 집은 우물에서 약 100미터나 떨어진 가장 먼 위치에 있었지만, 굴착을 시작한 지 얼마 되지 않아 마을 우물에 흙탕물이 섞이는 사고가 발생했습니다.

새벽에 눈을 뜬 마을 주민들이 아침밥을 준비하려고 수돗물을 틀자, 흙탕물이 콸콸 쏟아져 나왔습니다. 깜짝 놀란 주민들은 분노를 터뜨리며 아우성을 쳤고, 난리통에 군청과 면사무소 관계자들이 긴급히 출동했습니다.

심지어 방송 취재진까지 현장을 찾을 정도로 사태는 커졌습니다. 지열 공사는 정부의 특별 지원으로 진행되는 이런 산골 오지에서는 좀처럼 얻기 어려운 기회였습니다. 그러나 안타깝게도 마을 주민들은 작은 불편조차 참아내지 못하고 극도로 민감하게 반응하였습니다. 오랜 세월 외부와 단절된 환경 속에서 살아오신 탓인지 외부인들의 선의조차 쉽게 받아들이지 못하고, 때로는 의심하거나 부정적으로 받아들이는 경향이 짙었습니다.

저는 공사 과정에서도 하나님의 세밀하신 인도하심을 분명히 느낄 수 있었습니다. 지열 공사를 위해 땅을 파기 전에 마을 사람들은 이렇게 말했습니다.

"회관은 우물에서 30미터 이상 떨어져 있으니 아무 문제 없을 거야. 그런데 교회는 불과 10미터밖에 안 되는 거리라서 분명 문제가 생길 거야."

내심 그러기를 바라는 듯한 태도도 보였습니다. 그들은 눈에 보이는 거리만으로 결과를 예측했지만, 만물을 주관하시는 하나님께서는 사람이 가늠할 수 없는 땅속 물줄기의 흐름까지도 알고 계신 분이셨습니다. 결국 우물과 가장 가까운 거리에 있었던 교회만이 지열 공사를 무사히 마쳤습니다. 반면, 우물에서 멀리 떨어져 상대적으로 안전하다고 여겨졌던 회관과 다른 다섯 가구는 공사를 시작조차 하지 못하였습니다. 이 일은 철저히 하나님의 계획과 인도하심 아래 이루어진 은혜의 결과였습니다.

그런데 공사가 한창 진행되어 모든 일이 순조롭게 흘러가고 있다고 믿고 있던 바로 그때, 공사 전체를 멈춰 세울 수도 있는 치명적인 문제가 드러났습니다.

지열 시스템 사용승인을 위한 가장 핵심적인 행정상의 요건 하나가 빠진 채 공사가 진행되고 있었던 것이었습니다. 그 핵심 요건은 다음과 같았습니다.

— 시공 대상지의 건물과 토지가 반드시 동일한 명의로 등기되어 있어야 한다.

우물(정자 아래)·마을회관(중앙)·교회는 매우 가까운 거리

지열 냉난방 시스템은 산업용 전기 계약을 전제로 설치되는 설비이기 때문에 건물과 토지 소유자가 일치하지 않으면 법적으로 산업용 전기를 공급받을 수 없었습니다.

당시 교회 건물은 정식으로 대한예수교장로회 소전교회 명의로 등기되어 있었지만, 토지 등기부상 소유주는 여전히 교회 부지를 기증했던 초창기 개척자의 개인 명의로 남아 있었습니다. 애초에 기증자는 토지를 딸에게 상속하려는 계획이 있었으나, 여러 사정으로 인해 등기 이전이 지연되면서 결국 사망할 때까지 소유권 이전이 이루어지지 않았던 것입니다.

이에 따라 담당 기관으로부터 산업용 전기 공급이 불가하다는 통보를 받았고, 이미 진행 중이던 지열 공사는 갑작스럽게 중단될 위기에 놓이게 되었습니다.

공사를 진행하면서 담장은 허물어지고 대문도 부서졌으며, 정성껏 가꾸어 놓았던 정원의 꽃과 나무들까지 모두 뽑혀 교회 주변은 그야말로 아수라장이 되었습니다. 이런 상황에서 공사를 멈춰야 한다는 것은 도저히 받아들일 수 없었습니다.

저는 곧장 공사 담당자를 찾아가 간절히 호소했습니다. 그러자 담당자는 난처한 표정으로 말했습니다.

"방법이 아예 없는 것은 아닙니다. 하지만 준공 검사 일정이 너무 촉박해서 현실적으로는 불가능합니다. 어쩔 수 없이 포기하셔야겠습니다."

그 말을 듣고 너무 화가 나서 되물었습니다.

"그 방법이 무엇입니까? 왜 시도조차 못 하게 하면서 포기하라고 하시나요? 저는 무엇이 되든 시도해 보겠습니다."

담당자는 마지못해 필요한 서류들을 알려주었습니다.

첫째, 건축물대장상 소유자의 제적등본.

둘째, 해당 토지의 현재 상속인 전원의 주민등록증 사본.

셋째, 교회를 무상 헌납하겠다는 동의서와 서약서.

저는 답답한 마음에 속으로 생각했습니다.

"행정 절차가 그렇게 중요했다면 공사를 시작하기 전에 확인했어야 하는 것 아닌가. 공사 막판 준공 검사 직전에 이 일로 공사를 중지해야 한다니, 참으로 이해할 수 없다."

하지만 정부로부터 약 3,000만 원을 지원받는 귀한 혜택을 포기할 수는 없었습니다.

무엇보다 하나님께서 언젠가 교회 옆 250평의 땅에 수많은 이들이 찾아와 머물고, 병이 고쳐지며, 기도하는 집이 세워질 것이라 확신을 주셨기에 저는 할 수 있는 모든 노력을 다하기로 결심했습니다.

그러나 문제는 시간이 너무 촉박하다는 것이었습니다. 공사업체 사장님은 사용승인에 필요한 서류 제출 기한이 불과 일주일밖에 남지 않았다고 했습니다. 물리적으로 거의 불가능한 일정이었지만 간곡히 부탁드려 2주 안에 모든 서류를 제출하겠다고 약속했습니다. 그날부터 필요한 서류를 구비하기 위해 동분서주했습니다.

서류 취합 과정 중 가장 힘들었던 일은 이미 소천하신 교회 기증자 명의로 되어 있는 토지(교회 옆 땅)의 제적등본을 발급받는 일이었습니다. 그 서류는 당사자가 돌아가셨으니 명의자의 직계 후손만이 신청할 수 있었습니다. 직계 후손이란 아들과 손자를 포함하는데, 두 아들 모두 이미 소천하셨기에 당시에는 손자들만 해당했습니다.

그런데 손자의 수가 무려 열세 명이었습니다. 그 많은 이들이 어디에 살고 있는지조차 알 수 없는 상황이었고, 이래저래 열세 명 전원의 동의를 받아내는 것은 현실적으로 불가능해 보였습니다. 한동안 절망했지만, 하나님께서 일하신다면 가능할 것이라는 믿음으로 한국전력공사에 전화를 걸어 사정을 간절히 호소했습니다.

"후손들이 전국 각지에 흩어져 있고, 해외에 거주하는 사람도 있어서 2주 안에 모두에게 동의받는 것은 어렵습니다."

그러자 담당자는 다소 유연한 답변을 주었습니다.

"과반수 이상의 동의만 받아오세요."

그 말을 듣고 잠시 안도했지만, 과반수의 동의를 얻는 일조차 결코 쉬워 보이지 않았습니다. 동의서를 받기 위해 이곳저곳을 다니던 중 뜻밖의 사실을 알게 되었습니다.

과거에 그 땅을 자기 소유로 만들고 싶어 했던 한 사람이 있었는데, 그는 우리 교회가 그 땅을 빼앗아 갔다고 오해하며 저를 집요하게 괴롭히고 핍박했었습니다.

알고 보니, 그 사람이 바로 땅 명의자의 맏손자였습니다. 그런 그가 자신이 속한 가문이 교회를 헌납했다는 사실을 인정하고 동의해 줄 가능성은 거의 없어 보였습니다. 이 사실을 알게 된 이장님도 제게 말씀하셨습니다.

"목사님, 차라리 포기하세요. 그 사람이 동의해 줄 리가 없습니다. 안 떼줄 겁니다."

그래서 정말 포기하려고도 했습니다. 하지만 마음 깊은 곳에서 울려오는 확신이 있었습니다.

"이 일은 내 일이 아니라, 하나님의 일이다."

그래서 저는 체질적으로 감당하기 어려운 금식까지 하며 이 일이 하나님의 뜻 안에서 해결되길 간절히 기도했습니다. 기도하는 가운데 이런 확신이 들었습니다.

"나는 단지 하나님의 심부름을 잘 감당하면 돼. 필요한 지혜와 용기는 하나님께서 주실 거야. 지열과 태양광 설비는 물론, 맑은 물이 솟아나는 이 250평 땅도 하나님의 것이다."

그 순간 마음속 모든 두려움과 망설임이 사라졌습니다. 금식하며 기도한 끝에 무려 23년 동안 저를 핍박하고 마을 사람들을 선동하여 교회를 쫓아내려 했던 그 사람을 직접 찾아갔습니다.

그 집 앞에서 한참을 망설이다 벨을 눌렀습니다. 그러나 걱정한 것과 달리 놀라운 일이 일어났습니다. 하나님께서 이미 그의 마음을 변화시켜 놓으셨던 것입니다. 한참 동안 진솔한 대화를 나눈 끝에 그는 결국 눈물을 흘리며 자기 잘못을 모두 시인하며 이렇게 말씀하셨습니다.

"내가 목사님을 미워했고, 마을에서 쫓아내려고 했던 걸 알면서도 다른 형제들에게 먼저 가지 않고 내게 먼저 와서 사정하고 부탁해 주신 것에 대해 정말 감사하게 생각합니다."

그는 기꺼이 동의서에 서명해 주었고, 재적증명서도 발급해 주었습니다. 심지어 서울에 있는 동생에게 보내야 할 제 편지와 서류도 본인이 직접 부쳐 주며 모든 일에 적극 협조해 주었습니다. 그 모습을 보며 하나님께서 친히 일하셨음을 깊이 깨닫고, 한없는 감사의 마음을 느꼈습니다.

그럼에도 나머지 인원들의 동의를 끝까지 받아낼 방법은 보이지 않았습니다. 막막하기만 했습니다. 그런데 하나님께서는 이미 길을 예비해 두고 계셨습니다.

평소 대청호에 낚시하러 갈 때면 이따금 마주치곤 하던 한 사람이 있었습니다. 그는 바로 토지 기증자 막냇손자의 아들, 그러니까 그 가문의 증손자였습니다. 낚시터에서 이런저런 이야기를 나누며 자연스레 친분이 쌓였는데, 그 인연이 그렇게 쓰일 줄은 미처 몰랐습니다.

저는 그에게 상황을 설명하고, 혹시 어른들을 설득해 줄 수 있겠느냐고 부탁했습니다. 그는 망설임 없이 돕겠다고 했고, 놀랍게도 불과 2주 만에 과반수의 동의서를 받아낼 수 있었습니다. 그 일들을 겪으며, 사람의 길이 막히는 순간에도 하나님께서는 이미 새로운 길을 예비해 두셨다는 사실을 깨달았습니다.

　　결국 마을의 지열 공사는 12가구 중 흙탕물로 공사가 중단된 4가구와 서류 미비로 빠진 3가구를 제외한 5가구에서만 완료되었습니다. 지열 공사를 통해 저는 다시 한번 하나님이 우리 교회와 함께하고 계신다는 것을 확신할 수 있었습니다.

　　마을 사람들 또한 지열 공사를 계기로 하나님께서 소전교회와 함께하시며 이 교회가 살아 있는 교회라는 사실을 느꼈을 것이라 믿었습니다.

　　서류 제출을 모두 마친 후, 하나님께서 제가 이 마을을 떠날 때를 대비해 손에 꼭 쥐고 있던 노후 자금까지 내어놓게 하신 일을 떠올리며 이런 생각이 들었습니다.

　　"나는 구레네 시몬 같은 사람이었구나."

　　구레네 시몬이 억지로 예수님의 십자가를 지고 갔듯, 저 역시 하나님 앞에 재물을 기쁨으로 드리기보다는 벼랑 끝까지 몰린 끝에 마지못해 드렸기 때문이었습니다. 물론 언젠가는 하나님께 모두 드리려는 마음은 있었으나, 그 돈은 제가 살아 있는 동안에는 누구에게도 쉽게 내어주고 싶지 않았던 소중한 노후 자금이었습니다.

　　무엇보다도 한때 저를 업신여기고 깊은 상처를 안긴 이들, 하나님을 조롱하고 교회를 하찮게 여겼던 이들을 위해 그 재물을 사용해야 한다는 사실은 쉽게 받아들이기 어려운 일이기도 했습니다.

그러나 사랑과 긍휼이 풍성하신 하나님께서는 제 생각과는 전혀 다르게 역사하셨습니다. 하나님께서 제 마음을 감동시키셨고, 저는 결국 순종함으로 그 재물을 주님께 온전히 내어 드릴 수 있었습니다.

그리하여 하나님께서는 무너져 가던 소전교회를 다시 세우시고, 교회를 통해 복음의 빛이 다시 퍼져 나가게 하셨습니다. 하나님은 저의 '내려놓음'을 통해 영광 받기를 원하셨던 것입니다.

15. 하나님의 때를 기다리기로

집사님께서 책 출간을 위해 여러모로 애를 쓰셨습니다. 그러나 세상에 한 권의 책을 내는 일은 결코 만만치 않았습니다. 출판 제안과 원고 검토가 여러 차례 거절과 보류로 이어지는 좌절의 시간을 겪어야 했습니다.

결국 저와 집사님은 모든 일을 하나님께 맡기고 기도하며 하나님의 때를 기다리기로 했습니다.

우리 마을은 경치가 아름답고 물이 맑으며, 공기까지 좋아 외지에서 손님들이 가끔 찾아오곤 했습니다. 정부 지원으로 지어진 마을회관에는 숙박 시설도 마련되어 있어, 며칠 머물며 쉬어 가는 이들도 있었습니다.

2013년 12월 어느 금요일 밤, 한 통의 전화가 걸려 왔습니다.

"내일 새벽 예배가 몇 시에 있나요?"

전화를 주신 분은 안산동산교회의 안수집사님이셨습니다. 집사님은 부인을 포함해 부부 4쌍이 함께 청남대 부근으로 여행을 오셨다가, 숙소로 정한 우리 마을회관으로 들어오던 중 어둠 속에서 환히 빛나는 교회 십자가 불빛을 보셨다고 했습니다. 반가운 마음에 숙소에 짐을 푼 뒤 교회로 오셨고, 내부를 둘러보다가 벽에 걸린 달력에서 제 전화번호를 보고 연락을 주신 것이었습니다.

사실 그동안 마을을 찾은 손님들 가운데 새벽 예배 시간을 묻는 분은 여럿 있었지만 실제로 예배에 참석한 경우는 한 번도 없었습니다. 그래서 예배 참석 의사를 듣고도 크게 기대하지 않았습니다. 그런데 다음 날 아침에 김 집사님과 일행분들께서 약속대로 새벽 예배에 참석하셨습니다.

외지 손님이 새벽 예배에 함께한 것은 제가 소전교회에 부임한 이후 27년 역사상 처음 있는 일이었습니다. 게다가 무려 여덟 분이나 오셨으니 그저 놀라울 따름이었습니다. 예배 내내 힘이 솟았습니다. 말씀도 더욱 힘주어 전했습니다.

저는 그날까지 27년 동안 하루도 빠짐없이 새벽 예배를 드려 왔습니다. 교회 초기에는 성도 수가 제법 되었지만, 시간이 흐르며 대부분 외지로 떠나갔고, 어느새 주일 예배조차 서너 명만 드리는 상황이 되었습니다. 그런 형편 속에서 새벽 예배는 거의 매일, 저 혼자만 드리는 날이 이어졌습니다.

설교를 듣는 사람이 없으니, 어떤 날은 쥐가 와서 듣고, 또 어떤 날은 다람쥐가 와서 듣는 것 같은 기분이 들 때도 있었습니다. 하나님은 예배자의 수와 상관없이 모든 예배를 받으신다는 믿음이 있었지만, 하루이틀도 아니고 긴 세월 동안 목회자 홀로 예배를 드리는 일은 결코 쉬운 일이 아니었습니다.

늘 그래왔듯 그렇게 외로운 마음으로 연말을 보내던 중에 예기치 않게 많은 분이 함께 예배에 참석해 주신 것은 저에게 큰 위로였습니다. 하나님께 깊은 감사의 기도를 올려 드렸고 함께해 주신 집사님들께도 진심으로 감사의 인사를 전했습니다.

예배를 마친 후, 김 집사님만 교회에 남으셔서 저와 이런저런 대화를 나누었습니다. 이야기 도중 집사님께서 조심스레 물으셨습니다.

"오늘 설교 제목은 언제 준비하신 건가요?"

저는 보통 주일 설교를 토요일에 미리 준비해 놓는데, 그날은 새벽기도 중 마음속에 준비한 말씀이 아닌 다른 말씀을 전해야 한다는 강한 감동이 있었습니다. 그래서 설교 제목을 바꾸고 말씀도 새로 준비해서 전했다고 말씀드렸습니다.

그러자 김 집사님은 깜짝 놀라며 이렇게 말씀하셨습니다. 어젯밤 함께 온 일행들과 새벽까지 말씀을 나누고 내린 결론이 바로 '심은 대로 거둔다'라는 것이었는데, 그 본문을 새벽 예배 설교로 또 듣게 되었으니 얼마나 놀랍고 은혜로웠는지 모른다고 하셨습니다.

그리고 예배 전에 김 집사님께서 무심코 펼쳐 두신 찬송가가 144장이었는데, 목사님께서 선곡한 찬송이 바로 그 곡이었다면서 그 많은 찬송가 중 무심코 펼쳐 놓은 찬송을 부르게 되었다는 것이 우연이라 하기엔 참 특별한 일이라고 말씀하셨습니다.

집사님과는 마치 오랜 친구처럼 진솔한 대화를 나누었습니다. 대화를 모두 마친 후 김 집사님께서 기도를 부탁하셔서 안수기도를 해드렸습니다. 집사님은 아쉬운 마음을 표하시고 안산으로 돌아가셨습니다.

그런데 며칠 후 김 집사님께서 전화를 걸어오셨습니다. 첫마디는 뜻밖이었습니다.

"목사님, 소전교회 이야기를 책으로 써 보시면 좋겠습니다."

저는 황당함에 웃으며 대답했습니다.

"제가 무슨 책을 씁니까. 글솜씨도 없고, 그런 일은 저와는 거리가 멉니다."

조심스럽게 거절의 뜻을 전했습니다.

며칠 뒤, 집사님은 다시 연락을 주셨는데, 그땐 목소리에 단호함이 더해져 있었습니다.

“목사님, 책을 꼭 쓰셔야 합니다.”

“저는 글 쓰는 재주도 없고, 필력도 좋지 않아 책을 쓴다는 것은 무리예요.”

“그렇다면, 녹음부터 해보시죠. 목사님께서 말씀하시면 제가 녹취를 타이핑 해서 책으로 만들어 보겠습니다.”

“녹음은 할 수 있습니다.”

그렇게 통화를 마친 뒤, 두근거리는 마음으로 녹음을 시작했습니다. 처음에는 이곳에서 있었던 일들만 간단히 이야기하려 했습니다. 그러나 김 집사님께서 어린 시절 이야기부터 들려주면 좋겠다고 하셨습니다.

김종영 현 장로와 7남매 부부(앞줄 오른쪽에서 두 번째)

그리하여 자연스럽게 제 인생 이야기를 한 장씩 꺼내어 풀어 내기 시작했습니다.

김 집사님은 2014년에 제자들, 학교 선생님들, 그리고 '셀'이라 불리는 교회 소그룹과 함께 8개월 동안 무려 일곱 차례나 우리 교회를 찾아오셨습니다.

한 번은 섬기고 있는 교회의 전도대에서 찾아와 마을 주민들을 모두 초대하여 풍성한 음식을 대접해 주셨고, 국악 공연까지 열어 마을에 큰 즐거움을 주셨습니다. 또한 많은 선물도 나누어 주셔서 마을 사람들이 무척 기뻐하셨습니다.

그날도 김 집사님은 7시간 넘게 교회에 머무르시며 저와 함께 녹음 내용을 정리한 원고를 하나하나 정성껏 수정했습니다. 원고에는 감동과 은혜가 고스란히 담겨 있었습니다.

원고를 탈고한 뒤, 김종영 집사님께서 책 출간을 위해 여러모로 애를 쓰셨습니다. 그러나 세상에 한 권의 책을 내는 일은 결코 만만치 않았습니다. 출판 제안과 원고 검토가 여러 차례 거절과 보류로 이어지는 좌절의 시간을 겪어야 했습니다. 결국 저와 집사님은 모든 일을 하나님께 맡기고 기도하며 하나님의 때를 기다리기로 했습니다.

사역의 세월은 참 빠르게 흘러갔습니다. 여든 살이 가까워 오면서 육체적으로 사역이 점점 버겁게 느껴졌습니다. 그러나 하나님께서는 모든 것을 다 아시고 교회를 도울 신실한 일꾼 한 분을 보내 주셨습니다.

2015년 3월, 우리 교회에 권문순 집사님이라는 귀한 분이 등록하셨습니다. 권사님은 안산으로 이주해 안산동산교회에 출석하셨고, 직장 생활과 사업을 하시다가 다시 귀향하게 하신 하나님의 인도하심을 따라 우리 교회로 오시게 된 것이었습니다.

집사님은 호탕한 성격에, 매사에 적극적인 분으로, 이사 오신 초기부터 교회와 지역을 향한 깊은 애정과 책임감을 가지고 헌신하셨습니다. 자신들이 살 집을 직접 지을 만큼 기술과 능력이 탁월했던 부부는 이내 마을과 교회의 든든한 일꾼으로 자리 잡으셨습니다.

집사님은 마을에 정착하시는 중에도 늘 교회와 목회자를 먼저 돌아보셨습니다. 제가 지칠 때면 딸처럼 다가와 위로와 격려를 건네주셨고, 교회 살림을 도맡아 챙기며 누구보다 성실하게 교회를 섬기셨습니다.

집사님의 삶 전체가 하나의 예배였고, 교회를 살리는 은혜의 통로였습니다. 성도님들을 위해 늘 정성껏 반찬을 준비해 오셨고, 교회 성도나 마을 이웃 중 몸이 불편한 이가 있으면 가장 먼저 찾아가 돌보셨습니다. 집사님의 헌신은 보여주기 위한 수고가 아닌, 마음 깊은 곳에서 우러나온 것이었습니다.

그 사랑과 섬김은 많은 이들의 마음을 감동하게 했고, 저 역시 권사님을 통해 교회를 사랑한다는 것이 어떤 삶인지를 다시금 배우게 되었습니다. 이후 집사님은 권사로 임명받으시고, 사명을 감당하기 위해 더욱 애쓰셨습니다.

　　권사님은 2025년 1월 8일, MBN 『나는 자연인이다』 638회 '굳세어라 문순 씨' 편에 출연하시기도 했습니다. 방송에는 산골 마을에서 직접 기른 작물로 끼니를 해결하고, 밭을 일구며 자연과 함께 살아가는 권사님의 일상이 소개되었습니다.

　　권사님과 함께하게 되면서 하나님은 늘 가장 필요한 때, 꼭 맞는 사람을 보내주셔서 교회를 지켜 가신다는 사실을 다시 한번 확신하게 되었습니다. 부족한 저를 진심으로 사랑해 주고 존중해 주시는 분을 만나게 하시고, 동역자로 보내주신 하나님의 은혜에 감사할 따름입니다.

권문순 권사 취임식(중앙 한복 차림)

16. 그날을 꿈꾸며

제 마지막 단 하나의 소망은 교회 옆의 250평 땅 위에 복지관을 세우는 것입니다. 그 땅은 하나님께서 주신 약속의 땅이기에, 반드시 하나님의 때에 뜻을 이루실 것을 믿습니다.

마을 사람들 모두가 복음을 받아들이고 복지관이 완공되는 그 모든 일이 이루어지는 날, 하나님께서 "네 사명을 잘 감당하였다"라고 말씀해 주신다면, 평안한 마음으로 주님 앞에 서게 될 것입니다.

그날을 꿈꾸며, 모든 영광을 하나님께 올려드립니다.

저는 올해로 88세가 되었습니다.

한때 미신과 재물의 욕망에 사로잡혀 허망한 삶을 살았던 제가, 질병의 시간을 통해 생명의 참된 주인이 하나님이심을 알게 된 것은 제 인생에서 가장 큰 복이었습니다.

이 책을 통해, 낙심하거나 지쳐 있는 이들이 하나님을 인격적으로 만나, 믿음으로 자신의 삶을 살아내고, 또 다른 이들을 살려내는 삶으로 나아가기를 간절히 기도합니다.

사방이 산으로 겹겹이 둘러싸여 마치 깊은 우물 속처럼 고요한 이 마을에서 전능하신 하나님은 여전히 당신의 뜻을 이루고 계십니다. 소전교회는 오늘도 굳건히 자리를 지키며 남아 있는 이들에게 복음을 전하고 구원의 사역을 감당하고 있습니다.

저는 소전교회가 주님 오시는 날까지 십자가의 불을 밝혀 하나님의 백성들이 찾아와 찬양하고 예배하는 영광의 처소로 쓰임 받기를 간절히 소망하며 새벽마다 기도의 향기를 올려드리고 있습니다.

이 마을에서 저는 외지인으로 여겨졌고, 낯선 시선과 박해 속에 살아야 했습니다. 모진 핍박을 견디며, 하나님께 "왜 저를 이런 곳에 보내셨습니까?"라고 수없이 묻곤 했습니다.

그때마다 하나님은 제 마음에 이렇게 말씀하셨습니다.

"그 자리가 네게 딱 맞는 자리다."

"때가 되면 내가 모든 것을 이루리라."

그 짧은 응답은 제 인생의 버팀목이 되었습니다.

외롭고 지루한 날들 속에서도 감사와 기쁨으로 하루하루를 이어갈 수 있었던 이유였습니다. 그런 세월을 지나며, 주님께서 제게 한 가지 진리를 깨닫게 하셨습니다.

'인생이란, 자기에게 주어진 자리를 지키는 일'이라는 것입니다. 하나님께서 제게 맡기신 자리를 떠나지 않고, 묵묵히 그 자리를 지켜낼 수 있었던 힘은 단 하나의 확신이었습니다.

"내 안의 주인은 내가 아니라 하나님이다."

그 사실을 마음 깊이 받아들이고 인정했을 때, 저의 자리는 더 이상 고난의 자리가 아니라, 나를 살리고 이웃을 살리는 은혜의 자리가 되었습니다.

2025년 9월 주일 예배

세상 사람들의 눈에 비친 저의 삶은 어쩌면 실패한 인생처럼 보일지도 모릅니다. 남편도, 자식도, 재산도 없이, 사람들이 귀하게 여기는 것들을 하나도 갖지 못한 채로, 이름조차 알려지지 않은 깊은 두뫼산골의 작은 마을에서 성도 수도 얼마 되지 않는 작은 시골 교회를 지키며 살아왔을 뿐이니까요.

소전교회에서의 38년을 돌아보면 후회도, 원망도 없습니다. 하나님께서 교회를 지켜 주셨고, 지금까지 제 건강과 사명을 붙들어 주셨다는 사실만으로 충분히 감사합니다.

물론 힘든 순간도 있었지만, 그때마다 환상 가운데 보이신 주님께서 제 허리를 꼭 안고 계셨던 장면을 떠올렸습니다. 그 환상은 단순한 위로가 아니라 지금까지의 목회를 버티게 한 약속이자 증거였습니다. 주님은 언제나 제 곁에 계셨습니다.

저는 한때 찬송가 323장의 가사를 부를 수가 없었습니다.

'부름 받아 나선 이 몸, 어디든지 가오리다.'

'멸시 천대 십자가는 내가 지고 가오리다.'

그 가사들은 당시 제게 너무도 버겁게 느껴졌습니다. 감히 그런 길을 간다고 고백하는 것이 두렵고, 스스로 그럴 자격이 없다고 느껴졌기 때문이었습니다. 그러나 지금은 주님께서 부르신 그 길을 따라 걸으며, 주님의 손에 붙들려 여기까지 살아왔기 때문에 그 찬송을 담담하게 감사의 마음으로 부릅니다. 한때는 부를 수 없던 찬송이 이제는 제 삶의 고백이 되었습니다.

　제 마지막 단 하나의 소망은 교회 옆의 250평 땅 위에 복지관을 세우는 것입니다. 그 땅은 하나님께서 주신 약속의 땅이기에, 반드시 하나님의 때에 뜻을 이루실 것을 믿습니다.

　마을 사람들 모두가 복음을 받아들이고 복지관이 완공되는 그 모든 일이 이루어지는 날, 하나님께서 "네 사명을 잘 감당하였다"라고 말씀해 주신다면, 평안한 마음으로 주님 앞에 서게 될 것입니다.

　그날을 꿈꾸며, 모든 영광을 하나님께 올려드립니다.

모든 영광을 하나님께

여운 나눔

잠든 아기를 두고 잠시 틈을 내어 책을 펼쳤으나 끝내 눈을 뗄 수 없었습니다. 술술 읽히면서도 깊은 은혜와 울림으로 영혼을 적시는 귀한 책입니다.

오은실 실장 천우조경

73세인 저는 성경 한 장 읽는 것도 벅찬데, 이 책은 밤을 새워 읽었습니다. 오직 하나님의 뜻대로 사역해 오신 목사님의 모습이 매우 감동적이었습니다.

김옥자 권사 삼기제일교회

인생의 후반부를 하나님께 헌신하신 목사님의 간증은 삶의 깊이를 더해 가는 신앙인들에게 큰 위로와 도움이 될 것입니다.

권병일 이사장 동산글로벌기독학교

1930년대 소설 『상록수』의 주인공 채영신을 떠올리게 합니다. 세 시간 동안 책을 읽고 난 뒤, 이 책이 신학교 교재로 쓰여도 좋겠다는 생각이 들었습니다.

김정아 대표·김종필 이사 통일맘연합회

땅끝에서 예수 생명의 빛을 밝히는 이상금 목사님의 삶. 감추어진 보석을 세상에 드러내 주신 저자의 귀한 열정에 감사드립니다.

이정훈 목사 열방의빛교회

고등학생인 저에게는 무척 놀라운 이야기였어요. 앞으로 제가 가야 할 길에 대해서 많이 생각하는 기회가 되었습니다. 저와 같은 학생들이 읽고 도전받았으면 좋겠어요.

이보배 학생 경안고등학교

38년 동안 영혼 구원에 힘써 온 목사님의 눈물겨운 간증은, 성공과 성장만을 좇아 사는 오늘의 우리에게 큰 감동을 줍니다. 이 간증집이 많은 성도에게 하나님과의 관계를 더 풍성하게 하는 지침서가 되기를 간절히 바랍니다.

이인수 목사 십자성교회

이상금 목사님의 목회는 겉으로 보기에 긴 시간 허비한 것처럼 보일 수도 있으나, 그 모든 과정에서 하나님이 아브라함에게 보여주신 열국의 아비 환상이 드러납니다. 이 책이 그 사역을 이루는 귀한 통로가 되리라 믿습니다.

신동준 교장 동산고등학교

이상금 목사님은 한 영혼을 향한 무한한 아가페 사랑의 증험자이십니다. 인내로 믿음의 경주와 선한 싸움을 달려오셨습니다. 모든 것을 하나님의 은혜로 고백하는 겸손한 목자이십니다.

류덕상 목사·김유순 사모 장흥진목교회

여운 나눔

하나님의 놀라운 섭리 속에 출판하게 된 이상금 목사님의 일대기. 파란만장한
삶 속에서도 끝까지 자리를 지키신 88세 여목사님의 모습이 감동을 줍니다.

하인재 대표 샘선인터내셔날(지하수·온천탐사)

수치와 멸시를 당하시면서도 오직 순종으로 자기 자리를 지켜오신 목사님의
이야기에 감동받았습니다. 흐르는 눈물을 주체할 수 없었습니다.

황종국·김진성 대표 보라무역

세상에서 인정받기보다 영혼 구원을 위해 평생을 주님 앞에 헌신한 삶. 여전히
주님 뜻대로 살아내고 살려내시는 이상금 목사님의 모습이 아름답습니다.

전용범 대표 아욱사노한성

37년을 불신자로 살다가 51년을 하나님과 동행하며, 44년째 목회자의 길을 걷
고 있는 88세의 이상금 목사님은 참 행복한 분이다. 나도 그분처럼 살고 싶다.

박상철 목사 익산서두교회

이상금 목사님의 이야기는 요즘 접하기 어려운 깊은 우물속에 두레박을 내려
건져 올린 맑은 생수 한 바가지의 시원한 감동과 같았습니다.

백현용 대표 몽쉘베이커리

고난을 행복으로 바꾼 이상금 목사님의 행복지수는 최고입니다. 나도 목사님처럼 행복한 삶을 살고 싶습니다. 이 책을 통해 많은 이들이 진정한 하나님의 나라를 경험하게 되기를 바랍니다.

김종관·윤성자 대표 대성종합설비

이상금 목사님의 삶은 하나님께서 한 인생을 통해 뜻하시고 계획하신 일을 어떻게 섭리하시고 역사하시는지 보여 주는 말씀과도 같았습니다. 범사에 하나님을 인정할 때 그 길을 지도하시는 하나님을 만나는 시간이었습니다.

천종관 목사 익산기쁨의교회

"부름 받아 나선 이 몸 어디든지 가오리다" 찬양처럼 하나님의 부르심에 순종하신 모습이 눈에 선하게 보입니다. 38년 동안 한 영혼을 사랑하시며 눈물과 기도로 헌신하신 이상금 목사님이 존경스럽습니다.

안병일 실장 안산동산교회 사무처

88세의 기적! 눈물겨운 38년 세월을 하나님과 동행하며 산골 마을을 지킨 목자의 삶은 참으로 숭고합니다. 버티는 시간을 넘어 빛나는 헌신의 의미를 전하며 지친 마음을 다시 일으켜 세워 줍니다.

이종훈 교장 푸른꿈동산학교

여운 나눔

8844는 인생 88년을 하나님과 동행하는 목회자의 사랑스러운 이야기입니다. 하나님의 절대 주권을 믿으며 나아가는 모습이 감동 그 자체입니다.

김시율 대표 큰숲어린이집

하나님과 동행하며 44년의 세월을 믿음으로 살아내신 것처럼, 앞으로도 팔팔하게 행복한 이야기를 써 내려가실 목사님을 진심으로 사랑하고 존경합니다.

최성대·김은자 대표 무한통상

3시간 동안 감동의 눈물을 흘리며 이 책을 읽었습니다. 이상금 목사님의 삶을 통해 하나님의 말씀을 잘 듣고 순종하는 길이 최고의 행복임을 알았습니다.

차성민 영화감독, 한국영화인연합회 안산지회장

이 책은 눈물과 기도로 빚어진 복음의 교과서입니다. 삶의 무게에 지쳐 위로가 필요한 분이라면 목사님의 진솔한 이야기 속에서 다시 믿음의 힘을 얻고, 행복한 시간을 누리게 될 것입니다.

이충효 목사·김설화 사모 미국지구촌교회

아무도 알아주지 않아도 묵묵히 예수님을 따라 걸어 온 이상금 목사님의 발자취가 오늘도 참된 그리스도인으로 하루하루를 살아내고자 하는 이름 없는 분들에게 등불이 되어 줄 것입니다.

차현덕 교사 안성중학교

목사님께서 '참으로 행복한 인생을 사셨구나' 하는 마음이 들었습니다. 작은 것 하나라도 하나님께 묻고 기도하며 기다리는 순종의 모습은, 진정한 그리스도인의 삶 그 자체였습니다. 잘 살아내셨습니다. 감사합니다. 사랑합니다.

김종명·정현숙 대표 가나무역

마치 무엇에 홀린 듯이 이 책을 한달음에 읽었습니다. 저자와 함께 그곳을 방문했던 적이 있어, 이야기가 눈앞에서 살아 움직이는 듯했습니다. 이름 없이, 빛도 없이 하나님의 명령에 따라 끝까지 자기 자리를 지키며 죽어가는 영혼을 주께로 인도하는 목사님의 삶을 보며 스스로에게 질문했습니다.

내 인생의 주인은 오직 하나님뿐인가? 하나님께서 부르신 그 자리를 잘 지키고 있는가? 내 삶을 통해 죽어가는 영혼들이 하나님께로 돌아오고 있는가?

이영교 교사 인천하늘중학교

목사님이 흘린 눈물의 기도 위에 하나님께서 소전교회를 세우셨습니다. 한 마리 어린양도 포기하지 않고 두뫼산골까지 찾아 헤매시는 완전하신 사랑의 하나님, 천하보다 한 생명을 귀하게 여기시는 하나님의 마음을 읽게 됩니다.

초지능·초연결·초융합 사회, 빛의 속도로 변화하는 바쁜 시대를 살아가는 청소년들이 이 책을 통해 정확한 속도와 방향으로 우리의 삶을 이끌어 가시는 하나님의 사랑을 배웠으면 합니다.

양동영 교장 성안중학교

Epilogue

2014년, 이상금 목사님의 육성을 기록해 둔 글이 『8844 팔팔하게 살아내고 살려내는』이라는 책으로 출간된 것은 전적인 하나님의 은혜입니다. 11년 동안 PC 안에 잠들어 있던 이 글이 어떻게 세상 밖으로 나오게 되었는지, 그 과정을 천천히 되짚어보았습니다.

벌랏 마을에 소전교회가 자리 잡고 있지 않았다면
안산동산교회 부부 4쌍이 벌랏 마을회관을 숙소로 잡지 않았다면
이상금 목사님께서 교인이 없다는 이유로 새벽 예배를 드리고 계시지 않았다면
그날 새벽 예배에 피곤해서 참석하지 않았다면
목사님을 도와야겠다는 마음이 들지 않았다면
책을 써드려야겠다는 마음이 생기지 않았다면
목사님께서 자신의 이야기를 녹음해 주시지 않았다면
12년간 소전교회를 방문할 때마다 함께해 주신 분들이 계시지 않았다면
2013년에 예배국 임원들이 소전교회를 탐방하지 않았다면
2024년에 임원들이 다시 소전교회에 방문하길 원하지 않았다면
그날 마침 11년 전 기록한 글을 가지고 가지 않았다면
그날 밤 목사님께서 출간을 요청하시지 않았다면
출판사를 창업한다며 기도를 요청한 에제르북을 만나지 않았다면

이 모든 장면을 돌아보면, 이 책의 출간은 오롯이 하나님의 인도하심이었습니다. '그때 마침'이라는 모든 순간마다, 사람의 어떠함이 아닌, 하나님의 긍휼과 사랑, 그리고 도우심이 있었습니다. 모든 영광을 하나님께 올려 드립니다.

이 일을 은혜로 여기시며 후원해 주신 경희재활요양병원 이사장님, 세무법인 대양 대표님, (주)영산볼트·(주)드림에스티 대표님, 우리 교회의 안 장로님을 비롯해 이 책의 제작과 배포에 도움을 주신 모든 분께 깊이 감사드립니다.

추천사를 작성해 주신 담임목사님, 장로회장님, 이사장님, 웹소설 작가님과 국내외에서 감상평을 써 주신 스물여섯 분의 가족과 지인들께도 감사드립니다.

끝으로, 아름답게 가정을 잘 지키며 아버지를 응원해 준 딸과 사위, 아들과 며느리, 그리고 손주 하이와 채아의 응원이 큰 힘이 되었습니다. 지난 11년 동안 곁에서 함께하며 기도하고 응원해 준 아내 조윤미 권사의 따뜻한 배려에 깊이 감사드립니다.

김종영

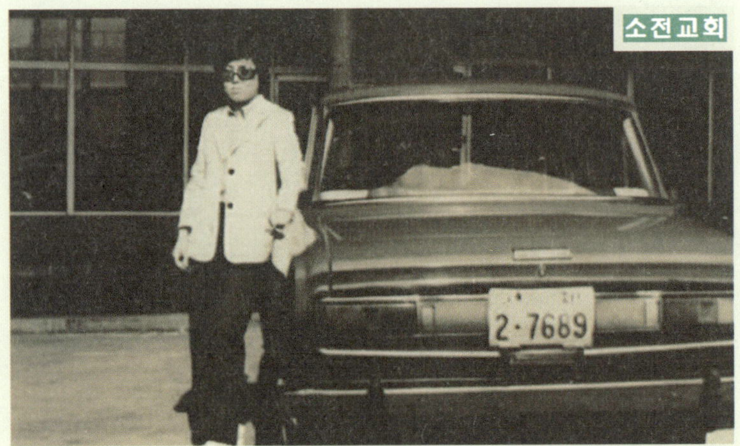

빛나던 청춘의 자락

꿈 많던 시절

신일교회 출석 시절

서울 동산교회 전도사 사역 시절

흔적을 담다

김천 황항교회 전도사 사역 시절

신학생 시절

소전교회 부임 첫 해

대청호 나루터에서

손수 만든 소강대상

1988년 부임 당시 성도들과 함께

신학교 졸업식

봉헌 예배를 준비하며

흔적을 담다

2025년 현재 출석 중인 교인들과 함께

출간을 준비하며

교회를 방문해 주신 분들

교회를 방문해 주신 분들

흔적을 담다

교회를 방문해 주신 분들

교회를 방문해 주신 분들

교회를 방문해 주신 분들

교회를 방문해 주신 분들

에제르북의 브랜드 '소복소복'은
소소한 일상 속에서 마주한
하나님의 복음을 글로 담아냅니다.